Elinei Santos

Introdução à
Programação Numérica
em Python

Uma abordagem
através da solução
de problemas
físicos e matemáticos

Introdução à Programação Numérica em Python – uma abordagem através da solução de problemas físicos e matemáticos

Copyright© Editora Ciência Moderna Ltda., 2020

Todos os direitos para a língua portuguesa reservados pela EDITORA CIÊNCIA MODERNA LTDA.

De acordo com a Lei 9.610, de 19/2/1998, nenhuma parte deste livro poderá ser reproduzida, transmitida e gravada, por qualquer meio eletrônico, mecânico, por fotocópia e outros, sem a prévia autorização, por escrito, da Editora.

Editor: Paulo André P. Marques
Produção Editorial: Dilene Sandes Pessanha
Capa: Daniel Jara
Diagramação: Daniel Jara
Copidesque: Equipe Ciência Moderna

Várias **Marcas Registradas** aparecem no decorrer deste livro. Mais do que simplesmente listar esses nomes e informar quem possui seus direitos de exploração, ou ainda imprimir os logotipos das mesmas, o editor declara estar utilizando tais nomes apenas para fins editoriais, em benefício exclusivo do dono da Marca Registrada, sem intenção de infringir as regras de sua utilização. Qualquer semelhança em nomes próprios e acontecimentos será mera coincidência.

FICHA CATALOGRÁFICA

SANTOS, Elinei Pintos dos.

Introdução à Programação Numérica em Python – uma abordagem através da solução de problemas físicos e matemáticos

Rio de Janeiro: Editora Ciência Moderna Ltda., 2020.

1. Informática 2. Programação
I — Título

ISBN: 978-65-5842-009-5   CDD 001.642

Editora Ciência Moderna Ltda.
R. Alice Figueiredo, 46 – Riachuelo
Rio de Janeiro, RJ – Brasil   CEP: 20.950-150
Tel: (21) 2201-6662/ Fax: (21) 2201-6896
E-MAIL: LCM@LCM.COM.BR
WWW.LCM.COM.BR

Dedicatória

A Valéria Rodrigues de Oliveira,

Um exemplo de luta, de valorização da vida, dedicação `a família, sempre transforman-do adversidades em esperanças, espalhando alegria e amor. E a meus filhos: Guilher-me Santos, Suellem Santos e João Victor Santos.

Agradecimentos

Agradeço em primeiro lugar a meus adoráveis pais: Avelino Pereira do Santos (in memoriam) e minha mãe Iolane Pinto dos Santos que, quando eu tinha 15 anos de idade, com muito esforço financiou-me o meu primeiro curso de programação de computadores (velha linguagem Basic). Ali um novo universo se abriu para mim. Este livro é um produto deste esforço inicial. A todos meus irmãos e familiares, em especial a meu grande irmão que nunca mediu esforços em me ajudar em minha busca de aprendizagem: Elivilson (para ele sempre valeu a máxima: dá do pouco que se tem ao que tem menos ainda. Parece coisa tão singela, aos olhos de Deus, porém, é das artes a mais bela). Este projeto se iniciou a partir da demanda alunos de pós-graduação do PPGF, os quais propuseram que eu ministrasse um curso de programação numérica, na época em linguagem C. A dificuldade apontada por eles era que os livros de programação falavam muito da sintaxe da linguagem e a programação de manipulação de arquivos e dados, mas muito pouco da programação científica ou para alguém da área de ciências exatas. Também viam os livros de métodos numéricos distantes da implementação da linguagem ou da resolução de problemas práticos. Assim, propuseram um curso de programação que partisse de um problema físico-matemático e a partir do qual se aprenderia o método numérico de resolução e sua implementação em uma linguagem de programação. Esta foi a motivação que, consequentemente, veio a gerar o presente livro com a linguagem Python. Obrigado pelo desafio! "Nas adversidades é que sempre se encontra as grandes oportunidades".

Na turbulência que a vida nos remete fui afastado para o pós doutorado. Este livro é também fruto desse período. Assim, agradeço a todo corpo docente da UFPA do grupo do PPGF, em especial à três pessoas que estiveram ligadas a possibilidade de conclusão desse projeto: Luis Carlos Crispino (incansável batalhador, defensor e construtor de uma Fisica de qualidade na Amazônia), Angela Klatau (Pesquisadora exemplar que só perde para o papel de mãe dedicada, com amor incondicional; grande incentivadora do livro) e Waldeci Paraguaçu Feio (amigo de alma e de trabalho). Agradeço também a todos os membros da Faculdade de Física por minha liberação e a todo apoio de amizade verdadeira e de humanidade para comigo. Em especial, quero agradecer a três pessoas, em nome das quais estendo este agradecimento a outros membros da Faculdade: Prof. Dr. João Furtado (visionário e batalhador por criar o mestrado profis-

Introdução à Programação Numérica em Python

sionalizante para ensino de Fisica) e aos diretores da Faculdade: Prof. Dr. Rubens Silva e Dr. Jordan Del Nero.

Na outra ponta deste pós-doutorado, a minha nova família que ganhei na UFMG, em especial os grandes baluartes do grupo de Raman da UFMG: Dr. Marcos Pimenta, Dra. Ariete Righis e meu supervisor e amigo Dr. Cristiano Fantini. Eu não poderia escolher estar com pessoas mais competentes, humanas, alegres e que tornaram minha vida como experimental muito mais agradável nessa transição. Agradeço também a todos os outros alunos e amigos que ganhei nessa empreitada, em especial ao Fábio Lacerda e Juliana (Ju).

Agradeço ao meu grande amigo e parceiro de conversas, de um bom vinho e de receitas Jessé Carvalho. Ao amigo da família Adelmo Bezerra que, juntamente com Jessé Carvalho, calorosamente me acolhem sempre nas minhas idas e vindas de BH a Belém (bom se sentir em casa, quando se estar longe dela). Aos amigos de sempre cuja distância não supera a amizade: Sérgio Vizeu, Marcelo Lima e Jaime Urban.

Por fim, mas não menos importante, agradeço ao Paulo André e toda equipe da LCM por encamparem este projeto e estarem sempre disponíveis a me auxiliarem na elaboração do mesmo.

Sumário

Capítulo 1
As sintaxes básicas da linguagem Python

1.1 Introdução 1

   1.1.1 Instalando o Python no Windows 2

   1.1.2 O pacote matplotlib 6

   1.1.3 Instalando o pygame 7

   1.1.4 Instalação do desenvolvedor anaconda 8

   1.1.5 Python como calculadora: lançamento oblíquo sem atrito 8

1.2 A sintaxe do primeiro programa em Python 10

   1.2.1 A função print 11

   1.2.2 Saída fomatada da função print 12

   1.2.3 A função input 14

   1.2.4 A função eval 15

   1.2.5 Funções matemáticas em Python 15

   1.2.6 Modos de importação de módulos 16

   1.2.7 Variáveis em Python 17

1.3 Tipos de variáveis numéricas 18

   1.3.1 Números inteiros 18

   1.3.2 Números reais ou de ponto flutuante 19

   1.3.3 Números complexos 19

   1.3.4 Convertendo valores de tipos diferentes 20

   1.3.5 Variável global e variável local 21

1.4 operadores em Python 23

   1.4.1 Operador de atribuição = ... 23

1.5 Operadores aritméticos 24

   1.5.1 Precedência de operadores aritméticos 25

   1.5.2 Conversão de tipos implícitas 26

   1.5.3 Operadores aritméticos de atribuição 28

1.6 Exercícios 28

VIII • Introdução à Programação Numérica em Python

Capítulo 2
Objetos turtle graphics

2.1 Primeiro programa com turtle (tartaruga)......................................31

2.2 Círculos e rosetas com turtle...33

2.3 Um gerador de polígonos...35

2.4 Espiral de Arquimedes...36

2.5 Espiral de quadrados crescentes com lados seguindo a sequência de Fibonacci...38

2.6 Exercícios..40

Capítulo 3
O uso de estruturas de decisão e repetição – gravação em arquivo

3.1 Estruturas de decisão...45

    3.1.1 Operadores Relacionais...45

    3.1.2 Operadores Lógicos...46

    3.1.3 Estrutura if...48

    3.1.4 Estrutura if-else...49

    3.1.5 Estrutura if-elif-else..51

3.2 Listas em Python...52

    3.2.1 Sintaxe para criação de listas...52

    3.2.2 Acessando elementos da lista..53

    3.2.3 Operações com listas: alterando, acrescentando e removendo elementos53

3.3 Estruturas de Repetição – Laços..56

    3.3.1 Simulação: Mapa logístico $(x_{n+1} = mx_n (1-x_n))$..................................56

    3.3.2 A sintaxe da estrutura de repetição em linguagem Python.........61

    3.3.3 O laço for...61

    3.3.4 List comprehensions – abrangência de listas.............................65

3.4 Gravação em arquivo..67

    3.4.1 Como funciona a gravação de arquivo em Python.......................68

    3.4.2 Abertura de arquivos...69

    3.4.3 Função para abertura de arquivo – função open()........................69

    3.4.4 Tratamento de exceções..70

3.5 Lendo um arquivo de dados em Python...72

3.6 Usando Matplotlib para gerar gráficos 73

   3.6.1 Gráfico simples com pylab 74

   3.6.2 Gerando gráfico com várias funções 76

   3.6.3 Formas de linhas e símbolos para gráficos com matplotlib 78

   3.6.4 Alterando as propriedades da fonte nos gráficos 82

   3.6.5 Gráficos com pontos individuais – função scatter 83

   3.6.6 Figura com vários gráficos 85

   3.6.7 Figuras em 3D 87

   3.6.8 Gravando figuras em vários formatos 89

   3.6.9 Gráfico em coordenadas polar 90

3.7 Comando de repetição while 91

   3.7.1 Reposicionando a leitura de arquivos – função seek() 95

   3.7.2 A função de números aleatórios - rand 96

   3.7.3 Métodos básicos para lidar com strings 100

   3.7.4 Módulo turtle e janelas (canvas) 103

3.8 Simulação: Objetos Fractais 106

   3.8.1 Algoritmo para gerar fractais 107

   3.8.2 O algoritmo IFT – Iterated Functions System – Sistema de Funções Interativas 108

   3.8.3 Teorema de decodificação IFS 108

   3.8.4 O algoritmo IFS 109

3.9 Projetos 117

Capítulo 4
Solução numérica de equações diferenciais, vetores e matrizes com o pacote Numpy

   4.1 Efeito da resistência do ar no lançamento de projétil 123

   4.2 Método de Euler para solução de EDO 126

   4.3 O pêndulo amortecido 132

   4.4 Resolvendo numericamente a equação diferencial adimensional 133

   4.5 Redução de uma equação diferencial de segunda ordem para duas de primeira ordem 135

   4.6 O Efeito Magnus 137

X • Introdução à Programação Numérica em Python

4.7 O Uso de Funções em Python 141
    4.7.1 Sintaxe da construção de uma função em Python 142
    4.7.2 Tipos de argumentos ou parâmetros de funções em Python 144
    4.7.3 Funções matemáticas como funções em Python 144
    4.7.4 Funções que retornam mais de um valor 146
    4.7.5 Funções com parâmetros posicionais 147
    4.7.6 Funções com argumentos nomeados (*Keywords argument*) 149
    4.7.7 Funções recursivas 151
    4.7.8 Funções como argumentos de outras funções 157
    4.7.9 Função lambda 158
4.8 Vetores e Matrizes em Python – Pacote Numpy 159
    4.8.1 Pacote numérico NumPy 159
    4.8.2 Acesso aos elementos 162
    4.8.3 Matrizes com mais de uma dimensão 167
    4.8.4 Inicialização 168
    4.8.5 Indexação e seleção de elementos matriciais 171
    4.8.6 Operações algébricas com matrizes no numpy 172
    4.8.7 Método da eliminação de Gauss 175
    4.8.8 Solução de sistema na forma Triangular Superior 176
    4.8.9 Método geral da eliminação de Gauss 179
4.9 O pêndulo caótico 182
    4.9.1 Listas, vetores e matrizes como argumentos de funções 188
    4.9.2 Solução numérica do pêndulo amortecido e forçado 195
    4.9.3 Inserindo símbolos e estruturas matemáticas do Latex nos gráficos em
    Python 200
    4.9.4 Exercícios 202

Capítulo 5
Integração numérica
    5.1 Métodos de Integração Numérica 207
        5.1.1 O método do Retângulo 209
        5.1.2 O método do trapézio 210
        5.1.3 Cálculo do período do pêndulo simples para grandes amplitudes 216

5.2 Integral utilizando o método de Monte Carlo 224

5.2.1 Método de Monte Carlo para uma dimensão 224

5.2.2 Método de Monte Carlo para duas dimensões 228

5.2.3 Exercícios 228

Capítulo 6
Programação orientada a objeto (POO)

6.1 Classes e objetos em Python 231

6.1.1 Criando uma classe – comando class 236

6.1.2 Instanciando uma classe 236

6.1.3 Acessando os atributos 237

6.1.4 A variável self 237

6.1.5 Métodos 238

6.1.6 Atributo ou variável de instância e variável local 239

6.1.7 Regras e observações para o bom uso de classes 239

6.2 Herança 243

6.2.1 Polimorfismo – sobreescrevendo métodos 247

6.2.2 Criando uma classe derivada – herança entre classes 248

6.3 Importando suas classes 250

6.3.1 Utilização de uma classe 250

6.3.2 Classe numérica com integrador de Runge-Kutta 253

6.3.3 Herança da classe bidimensional – visualização 3D 262

6.3.4 Importando várias classes de um módulo 266

6.4 Projetos 270

Referências **273**

Capítulo 1

As sintaxes básicas da linguagem Python

1.1 Introdução

A linguagem Python foi criada por Guido van Rossum na década de 1980. Como fã do seriado comédia da BBC Monty Python's Plying Circus ele assim denominou a nova linguagem. A linguagem Python é uma linguagem de alto nível com estruturas e recursos computacionais para programação mais fáceis que o C e C++. Python permite a programação em vários tipos de paradigmas de programação: a programação procedural, a funcional e a Programação Orientada a Objeto (POO). Ela também é multiplataforma com funcionalidade em Windows, Linux, Unix e Mac e OS X ou permite a mudança do código na plataforma executora. Python possui uma grande quantidade de módulos e pacotes que já vem presente na biblioteca padrão e fornecida com o interpretador usual. Outros pacotes são disponibilizados na rede para download de forma gratuita, tais como: NumPy, SciPy e Matplotlib. É construída de tal forma a fazer a indentação de comandos, o que facilita a boa programação.

Um programa em Python possui portabilidade, ou seja, é capaz de ser executado em quase todas as plataformas ou computadores, no geral, com quase nenhuma modificação.

A linguagem Python permite a programação estruturada como Pascal, C++, etc. Como a linguagem estruturada exige blocos de programas com suas variáveis locais, a linguagem Python usa as funções para realizar esta tarefa. Como toda linguagem estruturada, Python não permite o comando go to.

A linguagem Python atende aos requisitos dos exigentes programadores, pois todo bom programador quer uma linguagem que tenha as características que o Python apresenta: poucas restrições de como escrever o código-fonte, estruturas de blocos indentadas, funções e pacotes e um conjunto pequeno de palavras-chaves.

Neste livro optamos por usar a linguagem Python aliada com a visualização gráfica utilizando os pacotes matplotlib e pylab. Esses são pacotes desenvolvidos para a linguagem Python com distribuição gratuita. As suas sintaxes se parecem com aquela utilizada pelo programa comercial matlab. As figuras geradas podem ser gravadas em diferentes formatos.

Neste capítulo abordaremos as sintaxes básicas da linguagem Python. Introduziremos os comandos básicos da linguagem utilizando simulações computacionais que não necessitam, no momento, de métodos numéricos de soluções, de tal forma a tornar mais clara e simples a abordagem com relação a sintaxe da linguagem, pois neste momento inicial é o que estamos interessados.

1.1.1 Instalando o Python no Windows

Neste livro utilizamos a versão 3.7.4 do Python. Para instalar o programa você deve fazer o download de Python para Windows acessando a página: *http://python.org/ downloads/* (conforme mostrado na Figura 1.1 a seguir). Na página existem versões para outras plataformas com Linux, etc. Clique no botão *(Download Python 3.7.4)* e o download iniciará automaticamente. Após baixar o programa, execute o instalador. Na parte de baixo da página do instalador marque as duas opções disponíveis. A primeira opção (*Install launcher for all users (recommended)*) permitirá criar um atalho para todos os usuários e a segunda (*Add Python 3.7.4 to path*) facilitará configurar o programa com os recursos do sistema corretamente. Você terá instalado o Python em seu computador e está pronto para iniciar a programação.

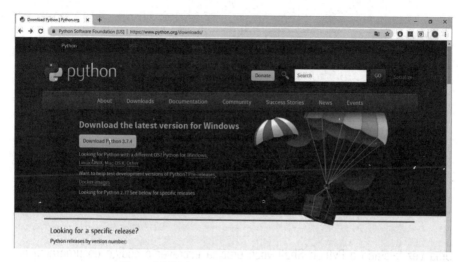

Figura 1.1-Página para fazer o download do Python.

A versão do Python 3.7.4 já vem com o pacote *matplotlib* e o *pip* e alguns outros pacotes instalados.

Uma vez instalado o Python você precisa criar um programa e executá-lo. Para isto você precisa de um editor e um interpretador (o interpretador Python). O Python que você instalou já vem com um aplicativo pré-instalado conhecido como IDLE (do inglês Integrated Development Enviroment ou Ambiente de Desenvolvimento Integrado) que permite essas duas ações para o programador.

Quando iniciar o Python ele abrirá uma janela chamada Python Shell do IDLE conforme a Figura 1.2 a seguir (pode aparecer um pouco diferente no seu computador), porém o sistema de menus e o comportamento do IDLE serão iguais, independente do seu sistema operacional.

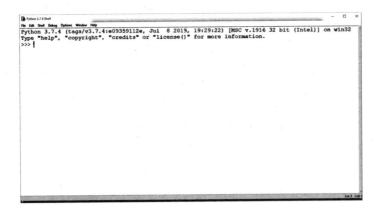

Figura 1.2 - Python Shell do IDE

Uma vez iniciado o Python Shell você precisa escrever o código do programa em Python. Para isso você abre um novo arquivo no menu do Shell *(file -> new file)*. O Shell abre uma nova janela e você tem uma página em branco para digitar seu código-fonte com a sintaxe do Python. Como exemplo, digitamos um pequeno programa em Python, conforme a Figura 1.3 a seguir.

```
#AnoBissexto.py
'''Programa que verifica se um ano inserido pelo usuario é bissexto
Programador: Elinei Santos
Data da ultima revisao: 20/04/2017'''
import math
a = eval(input("Entre com o ano desejado para verificar se e bissexto "))
if ((a%100 != 0) and (a%4 == 0)):
    print("O ano é bissexto !")
else:
    if ( a%400 == 0):
        print("O ano é bissexto !")
    else:
        print("O ano não é bissexto !")
```

Figura 1.3 - Arquivo digitado no IDLE do Python para salvar e executar.

Capítulo 1 As sintaxes básicas da linguagem Python • **5**

O próximo passo é salvar o seu programa para executá-lo em seguida. No menu do IDLE, selecione *File ->Salvar como (File -> Save as)* para salvar seu código-fonte do programa em um arquivo com a extensão do Python (.py). A escolha do nome deve remeter ao objetivo ou do que trata o programa que você elaborou. No exemplo denominei *Anobissexto.py* para o programa e salvei na pasta ProgsElinei (Figura 1.4).

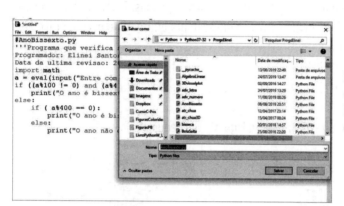

Figura 1.4 - Salvando o arquivo escrito no IDLE do Python com extensão .py

A última etapa após salvar o arquivo é executar o programa com o interpretador Python, ou seja, transformar o arquivo de texto em linguagem de máquina que o computador reconheça e execute. No menu do IDLE você clica na opção RUN e seleciona Run Module ou aperta a tecla F5, conforme mostrado na Figura 1.5 a seguir. Se a sintaxe do programa estiver correta o programa será executado.

Figura 1.5 - Executando o código-fonte em Python clicar (Run Module ou F5)

1.1.2 O pacote matplotlib

O matplotlib é um pacote gráfico que permite elaborar gráficos 2D, 3D, gráficos e barras, espectro de potências e todas as funções matemáticas, etc., de forma simples e eficiente. Sua estrutura e uso se assemelham ao matlab, inclusive com a performance e estrutura baseada em vetores para gerar dados e gráficos. E um fator muito importante: é totalmente livre!! Neste livro, vamos sempre utilizar este pacote gráfico para gerar as figuras apresentadas.

Para saber mais sobre o pacote *matplolib* acesse o endereço *https://matplotlib.org*

Você deverá ver a página mostrada na Figura 1.6 a seguir:

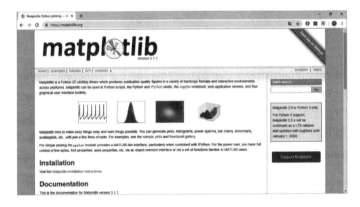

Figura 1.6 – Página de onde fazer o download da versão adequada do matplotlib ou obter mais informações.

Para testar se o *matplolib* foi instalado corretamente digite e salve *(mpl_fib.py)* o seguinte

```
#mpl_fib.py
import matplotlib.pyplot as plote
fib =[1,1,2,3,5,8,13,21,34,55]
plote.plot(fib,'ok')
plote.xlabel('n', fontsize = 15)
plote.ylabel('Fibonacci', fontsize = 15)
plote.show()
```

Rode o programa, você deverá obter o gráfico mostrado na Figura 1.7 a seguir.

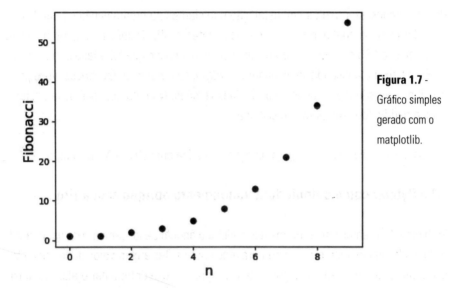

Figura 1.7 - Gráfico simples gerado com o matplotlib.

1.1.3 Instalando o pygame

O pacote do pygame permite a criação de animações e jogos assim como fornece inúmeros métodos para programação interativa com o usuário (GUI). Para instalar o pacote vá à página *http://pygame.org/downloads.shtml*.

Escolha a versão de acordo com o python instalado. Baixe o pacote e dê um clique duplo para instalar o pacote. Mesmo que apareça o aviso de segurança (Security warninng), clique em RUN (para executar). Você será perguntado se quer instalar para todos os usuários ou somente para você. É recomendável escolher a opção: Instal for all users, clique em next para prosseguir com a instalação. Forneça o caminho onde está instalado o Python 3.7.4. Por exemplo, no meu caso forneci o seguinte caminho para instalar o Pygame na pasta include do Python: C:\Users\Elinei\AppData\Local\Programs\Python\Phython37-32\include. Dessa forma o Pygame será instalado corretamente, o Python reconhecerá o pacote. Para certificar-se de que sua instalação foi bem sucedida abra o prompt do python e escreva: import pygame, o python deve responder apenas com o prompt padrão: >>>, significando que sua instalação foi bem sucedida.

1.1.4 Instalação do desenvolvedor anaconda

Para os menos experientes em instalação e iniciantes na programação há um desenvolvedor (o anaconda) que já vem com os pacotes: SciPy, NumPy e matplotlib na sua biblioteca padrão sem você se preocupar com a instalação que foi falada anteriormente. Para baixar o anaconda vá ao endereço: *http://continuum.io.downloads*. Você pode escolher a versão 2 ou 3 ou instalar as duas versões. No entanto, você deve definir a versão padrão (default) para seu sistema.

Vamos iniciar nosso curso de programação numérica em python! Mãos à obra...

1.1.5 Python como calculadora: lançamento oblíquo sem atrito

Problema: Queremos um programa que solicite o ângulo de lançamento de um projétil, θ, lançado obliquamente no campo gravitacional da Terra com velocidade inicial V_0, conforme esquematizado na Figura 1.8. O programa deve determinar o alcance máximo (A) e apresentar o resultado na saída padrão, i.e, o monitor.

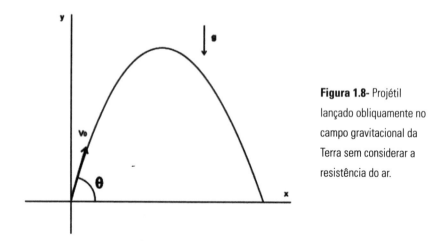

Figura 1.8- Projétil lançado obliquamente no campo gravitacional da Terra sem considerar a resistência do ar.

Solução computacional: Qualquer livro de Mecânica é possível encontrar que o alcance (A) de um projétil lançado no campo gravitacional da Terra é dado por:

$$A = \frac{V_0^2 sen(2\theta)}{g}$$

Para determinar este alcance computacionalmente, devemos definir as variáveis auxiliares com valores padrão, tais como a velocidade inicial de lançamento e a constante gravitacional. Devemos ter uma interação com o usuário via mensagem através do monitor e entrada de dados via teclado. Este é um problema simples onde o uso do computador serve apenas para calcular um resultado de cada vez. O algoritmo necessário que resolve este problema é colocado abaixo e implementado em linguagem python em seguida.

1. definir a velocidade inicial, g
2. solicitar o ângulo de lançamento, te
3. calcular Alcance = (Vo*Vo*sen(2*te))/g
4. escrever (angulo, Alcance)
5. fim

```python
#obliquo.py
'''Calculo do alcance maximo de um projetil
lancado no campo gravitacional da Terra
Programador: Elinei Santos
Data da ultima revisao: 18/12/2016
A = (Vo*Vo*sen(2*te))/g'''
from math import sin,pi
Vo =15.0
g = 9.8
te = eval(input("Entre com o angulo\
de lancamento em graus "))
ter = (te/180.)*pi # transforma para radianos
A=Vo*Vo*sin(2.*ter)/g
print("Para um angulo de lancamento = \
%6.2f graus o alcance e de %6.4f m" %(te,A))
```

Um programa em Python, como o listado acima, pode ser feito com qualquer editor de texto. O arquivo deve ter a extensão .py, neste exemplo denominamos de obliquo.py. Sua sintaxe relembra a linguagem do Inglês usual, por isso a linguagem Python é considerada uma linguagem de alto nível como C++, Java. Para executar o programa você utiliza o interpretador Python. O interpretador verifica duas coisas antes de executar o programa: i) primeiro verifica se as sintaxes dos comandos estão escritos corretamente; ii) se a indentação entre os comandos está correta. Se a sintaxe estiver correta, o interpretador Python executará o programa. O interpretador Python não verifica o erro de lógica ou outros erros de programa.

1.2 A sintaxe do primeiro programa em Python

A parte superior do programa delimitado por # é o comentário do programa. Onde ocorrer estes símbolos no programa em Python o interpretador Python não considera como comandos, eles são considerados espaço em branco. Os comentários podem ser colocados em qualquer lugar dentro do programa e servem para organizar e identificar variáveis e funções de parte do programa. Começamos com um cabeçalho, pois é uma boa prática de programação fazer um cabeçalho inicial onde conste informações sobre os objetivos do programa e para que problema foi implementado, o nome do programador, a última revisão do programa. Para fazer comentários com o delimitador # você deve utilizar sempre um delimitador por linha, para o caso de não querer ficar repetindo o delimitador, pode-se utilizar o delimitador (aspas triplas):''' no início e término do comentário, não importa quantas linhas de comentários você escreva. Por exemplo, os comentários abaixo não são considerados pelo interpretador Python.

'''Programa para conversao de escalas termometricas.
Exemplo de uso de estruturas de decisao if/else em Python
Programador: Elinei Santos
Data da ultima revisao: 24/09/2016'''

Em seguida temos o comando import que importa uma função ou classe básica da biblioteca padrão do Python. Estas funções ou classes são denominadas de módulos e são definidos na Biblioteca Padrão Python (Python Standard Library). A ideia é que o núcleo básico da linguagem seja pequeno, facilitando o uso e sua eficiência. Quando se necessita de certas funções específicas em alguma aplicação importa-se apenas o módulo necessário. No nosso primeiro exemplo nós importamos o módulo math para utilizar as funções matemáticas como seno, cosseno, etc. que são construídas neste módulo e estão prontas para o uso em qualquer outro programa. Em seguida, criamos duas variáveis V_0 e g. Note que você não precisa definir que tipo de variável elas são (se são inteiras ou pontos flutuantes) como em C, por exemplo.

1.2.1 A função print

A função print permite a impressão de valores e string literais (qualquer conjunto de caracteres delimitados por aspas simples ou aspas duplas) na saída padrão do computador (no geral, o monitor). Ela imprime um número qualquer de objetos de entrada, que podem ou não serem do mesmo tipo. Os valores dos objetos serão impressos na mesma linha e separados por espaço em branco entre eles (' '). Por exemplo, definimos um valor n = 100, valor = 7./3 (divisão em ponto flutuante) e uma string nome = 'Guilherme'. Ao utilizar o comando print estes valores são impressos na mesma linha em sequência, conforme mostramos a seguir.

```
>>> n=100
>>> valor = 7./3
>>> nome  = 'Guilherme'
>>> print(n, valor, nome)
(100, 2.3333333333333335, 'Guilherme')
```

Constantes caracteres de barra invertida

Alguns comandos de impressão são gerados em Python através da combinação do sinal \ (barra invertida) com outros caracteres. Estes caracteres quando digitados diretamente do teclado executariam determinada ação, como a de nova linha quando se pressiona a tecla ENTER no teclado que em Python é executada pelo código especial \n. Na Tabela 1.1 a seguir mostramos estes códigos e seus significados.

Tabela 1.1 – Comandos de escape em Python para a função print

Comando	Significado
\n	Nova linha
\t	Tabulação
\b	Retrocesso (impressão)
\r	CR-Cursor para o início da linha
\\	\-Barra invertida
\'	Apóstrofo
\\"	Aspas duplas

1.2.2 Saída fomatada da função print

A função print realiza a saída de dados formatada pelo console padrão (no geral o monitor), assim ela pode escrever dados em vários formatos desejados pelo programador. Em nosso primeiro programa utilizamos a função print para imprimir na tela do monitor o valor do ângulo de lançamento e o alcance do projétil, isto foi feito com o comando reproduzido abaixo:

```
print("Para um angulo de lancamento = \
%6.2f graus o alcance e de %6.2f m" %(te,A))
```

Como estamos imprimindo valores do tipo flutuante (reais) formatados devemos especificar no formato duas coisas. Uma é o total de espaços (ou caracteres) que queremos apresentar o número e a segunda coisa é a quantidade de casas decimais após o ponto decimal que queremos que apareça no número (precisão do número). Assim, em nosso programa definimos 6.2f para representar os valores dos ângulos (te) e do alcance (A) com seis espaços no total (um para o sinal antes do número, um para o ponto decimal e dois para o número antes do ponto decimal) e com dois números de precisão após o ponto decimal.

Capítulo 1 As sintaxes básicas da linguagem Python • **13**

Na tabela 1.2 a seguir mostramos os comandos de formato da função *print*.

Tabela 1.2 – Especificidade de formatação da função print

Especificador de formatação	Significado
% s	Caractere simples
% d	Imprime um inteiro decimal
% u	Inteiro do tipo unsigned short
%o	Inteiro octal unsigned
%f	Imprime em ponto flutuante tipo float
% e	Notação científica (e minúsculo)
% E	Notação científica (E maiúsculo)
%g	Decimal compacto com notação (e)
% G	Decimal compacto com notação (E)
% x	Hexadecimal (%X para letras maiúsculas)

Operador de formatação %

Quando aplicamos o operador % a números inteiros ele funciona como operador de módulo, ou seja, devolve o resto inteiro da divisão de dois números. No caso em que o primeiro operando é uma string, este passa a ser um operador de formatação, como utilizamos para apresentar o valor do ângulo de lançamento θ e do alcance A. A primeira parte %6.3f é a string de formatação, a qual fornece a especificação de como o operando deve ser formatado (ou apresentado) e o resultado é apresentado como string.

```
print("Angulo de lancamento = %6.1f" %te, "Alcance = %6.2f m" % A)
```

A especificação de formatação pode aparecer em qualquer lugar numa frase ou sentença, como por exemplo:

```
print("Para um angulo de lancamento = \
%6.2f graus o alcance e de %6.2f m" %(te,A))
```

O que resultaria na seguinte saída:

```
Para um angulo de lancamento =  45.00 graus o alcance e de  22.96 m
```

Há outras variações da formatação no caso de apresentação de números para o grau de precisão que se deseja, como por exemplo:

%6d Imprime um inteiro decimal, com pelo menos seis caracteres.

%.2f Imprime em ponto flutuante, com dois caracteres após o ponto decimal.

%6.3f Imprime em ponto flutuante, com pelo menos seis caracteres no total sendo três caracteres após o ponto decimal.

1.2.3 A função input

Em nosso primeiro programa, utilizamos a função *input* para informar ao usuário que o mesmo deve inserir via teclado o ângulo de lançamento do projétil, conforme o comando reproduzido abaixo:

```
te = eval(input("Entre com o angulo de lancamento em graus "))
```

A função que permite ao usuário entrar com valores através do teclado quando o programa é executado é a função *input*. Esta função sempre retorna a entrada do usuário como um objeto do tipo string. Em geral, a função *input* é acompanhada de uma string como argumento. Esta string é apresentada no monitor e permanece na tela até que o usuário insira uma string e aperte a tecla ENTER.

Quando o comando acima é executado, o programa lê um valor do teclado e converte num valor tipo *float*. Esta conversão da string de entrada para *float* é feita pela função *eval*.

Obs: A função *input* em Python 3.x é denominada apenas *raw_input* em versões de Python de 2.x.

1.2.4 A função eval

A função *eval* recebe uma string como argumento e transforma esta string como uma *expressão* válida em Python e converte no tipo específico (tipo *int, float, string*, etc). Na entrada do ângulo de lançamento pelo usuário, quando for inserido o valor da string na forma de número real, automaticamente este valor é convertido internamente como tipo *float* ou ponto flutuante.

1.2.5 Funções matemáticas em Python

A presença do comando import math nos permitirá o uso de funções matemáticas padrões, que sem esta importação teríamos que construir. Dessa forma, se precisarmos de uma função matemática como seno, cosseno, tangente, exponencial, etc, estas já estão definidas no módulo ou biblioteca padrão do Python. Na tabela 1.3, listamos as sintaxes das principais funções matemáticas em Python que são implementadas no pacote math.

Tabela 1.3 – Funções matemáticas de Python

Função em Python	Operação matemática
sin(x)	Seno
cos (x)	cosseno
tan(x)	tangente
asin(x)	arco seno de x
acos(x)	arco cosseno de x
atan(x)	arco tangente de x
sinh(x)	seno hiperbólico
cosh(x)	cosseno hiperbólico
tanh(x)	tangente hiperbólico
asinh(x)	arcseno hiperbólico
acosh(x)	arctan hiperbólico
abs(x)	valor absoluto*
pow(x,y)	função potencia, x^y

sqrt(x)	raiz quadrada
log(x,base)	logaritmo de x na base
log10(x)	logaritmo na base 10
exp(x)	função exponencial
degrees (x)	converte x para radiano
radians(x)	converte x para graus
factorial(x)	x!

*obs: determina o valor absoluto de um número real, inteiro e de um número complexo. Esta capacidade de uma mesma função realizar diferentes tarefas de acordo com a entrada na função é denominada *polimorfismo*.

1.2.6 Modos de importação de módulos

Há duas formas de importar os módulos que vamos explicitar aqui:

- Importar todo o módulo:

```
import nome_do_módulo
```

Exemplo:

```
import math
```

Neste caso, para acessar uma função específica do módulo você deve utilizar o operador ponto (.), por exemplo:

```
math.sin(x) ou math.pi.
```

Uma alternativa para não utilizar o operador (.) é importar individualmente uma ou mais função que se deseja utilizar, exemplo:

```
from math import sqrt, exp, log, sin
```

ou importar todas as funções de única vez:

```
from math import *
```

Neste caso você pode utilizar as funções diretamente sem utilizar o operador ponto.

* Importando módulos com outro nome:

É possível importar tanto os módulos, quanto as funções com outro nome ou denominação.

```
import math as m
```

m é um novo nome para o pacote *math*, assim é válido o comando: `x = m.sqrt(y)`.

```
from math import sin as seno, sqrt as raiz
```

seno é um novo nome para a função *sin* e *raiz* é um novo nome para *sqrt*. Logo é válido o comando:

```
v = seno(x) + raiz(y)
```

A importação de um módulo inteiro tem duas consequências. A primeira é que isto onera mais a memória por importar mais códigos das funções presentes no módulo e que não serão utilizadas. Além disso, como não se conhece todas as funções definidas no módulo pode acontecer que haja conflito de nomes de funções definidas pelo usuário o que certamente gerará erro no programa. No caso de programas numéricos onde se sabe à priori que funções serão utilizadas do módulo *math* é aconselhável importar somente as que serão utilizadas.

1.2.7 Variáveis em Python

Em seguida, declaramos duas variáveis numéricas locais do tipo *float* V_0 e A. Estas variáveis são reais do tipo ponto flutuante. Em Python você não precisa declarar o tipo de variável como em outras linguagens. Python é dinamicamente tipada, ou seja, o tipo da variável é reconhecido durante a execução. A declaração de uma variável tem a seguinte estrutura:

```
Nome_da_variavel = .....
```

O *tipo* de um objeto define a quantidade de memória em bytes que ela necessita e a forma de armazenamento. O nome do objeto é usado para guardar um valor que pode ser recuperado ou modificado pelo programa. A linguagem Python tem cinco tipos básicos de valores que são: *int, float, complex, str* e *list*.

1.3 Tipos de variáveis numéricas

Em Python, há quatro tipos básicos de números que são: inteiros (*type:int*), inteiros com dupla precisao (*type: long int*), pontos flutuantes (*type: float*) e complexo (*type: complex*).

1.3.1 Números inteiros

Números inteiros são números sem a parte decimal como: 4, 26, 1000, 37505060604040. A dimensão do número vai depender da quantidade de memória disponível em sua máquina (pelo menos quando se utiliza o Python 3). Como não há parte decimal a aritmética de números inteiros é exata. É relevante chamar a atenção da divisão utilizando inteiros, pois esta é uma diferença crucial entre a versão do Python 2 com Python 3. Em Python 3 a operação de divisão entre dois inteiros resulta em um número de ponto flutuante, não mais um inteiro como na versão anterior. O resultado é igual se um dos números da divisão for do tipo ponto flutuante como, por exemplo, (5./3). Nos comandos abaixo mostramos como são os resultados da divisão com inteiros. Adiantamos que a divisão // arredonda o resultado para um inteiro menor mais próximo (5//2=2).

```
>>> 5/3
1.6666666666666667
>>> 5./3
1.6666666666666667
>>> 5/2
2.5
```

Capítulo 1   As sintaxes básicas da linguagem Python   •   **19**

```
>>> 5//3
1
>>> 5//2
2
```

1.3.2 Números reais ou de ponto flutuante

Os números reais são também chamados em Python de ponto flutuante. Dependendo do tipo você utiliza mais ou menos espaço de memória. Todo número que seja acompanhado por ponto (.) é considerado por Python como do tipo real ou ponto flutuante (Exemplo: 2.3, 32.4, 0.45, 2., 1.2 x 10^{-4}, etc.). Destacamos ainda que a notação científica em Python é feita com uma mantissa vezes uma potência de 10, onde a mantissa tem um valor maior ou igual a 1,0 e menor do que 10,0. Em notação exponencial, a letra *e* ou *E* é usada para separar a mantissa do expoente da potência de 10. Por exemplo, o número *34.2* é escrito como *3.42e1* ou *3.42E1*, *-0.006* é escrito como *-6.0e-3* ou *-6.0E-3*.

Exercícios: Escreva diretivas para criar e associar constantes simbólicas para as constantes físicas:

a.   Velocidade da Luz, c = 2.9972 x 10^8 m/s
b.   Carga do elétron, e = 1.602177 x 10^{-19} C
c.   Massa da Terra, M_T = 5.98 x 10^{24} kg
d.   Constante gravitacional, G = 6.67 x 10^{-11} N.m^2 / kg^2

Solução: G = 6.67e -11

1.3.3 Números complexos

Um número complexo em Python é representado de duas formas: ou o par ordenado (2,3). Na primeira forma a letra j representa a parte complexa ($j = \sqrt{-1}$). No par ordenado o primeiro termo é a parte real e o segundo termo a parte complexa. As partes real e imaginária são consideradas como ponto flutuante, independentemente de possuírem o ponto decimal.

1.3.4 Convertendo valores de tipos diferentes

Você pode utilizar funções que convertem valores de um certo tipo para outro. Por exemplo, você deseja converter um string em inteiro ou um ponto flutuante em inteiro, isto pode ser feito da seguinte forma, respectivamente.

```
>>> int('2016')
2016
>>> int(3.1487654)
3
```

Para converter números inteiros e strings em ponto flutuante use a função *float*, como mostrado a seguir:

```
>>> float(21)
21.0
>>> float('3.14159')
3.14159
```

No caso de números complexos você pode converter outros tipos utilizando a função *complex*, como mostrado nos exemplos a seguir:

```
>>> complex(5)
(5+0j)
>>> complex(0,2)
2j
>>> complex(2,4)
(2+4j)
>>> complex(0,-3)
-3j
```

1.3.5 Variável global e variável local

Uma variável em Python pode ser declarada em três lugares dentro de um programa e dessa forma são classificados como: variáveis locais, parâmetros formais e variáveis globais. As variáveis locais são declaradas dentro de uma função e tem validade local, se a função não for referenciada a variável não ocupará espaço de memória. E quando ela for usada, tão logo a função termine a sua execução a variável deixa de existir. Diferentes funções podem ter o mesmo nome de variáveis locais, como cada uma tem existência dentro de sua função, não há interferência entre elas. As variáveis globais são declaradas para serem reconhecidas em qualquer parte do programa, inclusive serem usadas por funções externas. No programa de alcance de um projétil (*obliquo.py*) as variáveis V_0 e A, são variáveis globais. Quando você necessita de uma variável que deve ser referenciada várias vezes e em diferentes lugares no programa fonte é aconselhável criar uma variável global. No entanto, uma variável global ocupa memória durante todo o tempo de execução do programa, diferente da variável local que ocupa espaço de memória somente quando está sendo utilizada. Lembre-se, então, que quanto mais variáveis globais você utiliza, mais espaço de memória você consome. Além disso, variáveis globais podem ser acessadas por qualquer função ou sub-rotina. Isto pode ser um problema, pois um módulo qualquer pode alterar a variável global e isto afetará o valor da mesma em qualquer outro módulo do programa podendo assim gerar resultados indesejados ou não previstos por você.

Parâmetros formais são variáveis que recebem valores declarados nos protótipos das funções. Elas se comportam como variáveis locais dentro da função. Veremos mais profundamente os parâmetros formais quando utilizarmos funções no Capítulo 3.

Importante: A linguagem Python é case sensitive, isto é, letras maiúsculas e minúsculas são diferenciadas em Python. Por exemplo, as variáveis: auto, Auto, aUto, AUTO, AUto são todas diferentes do ponto de vista da linguagem Python.

Escolha nomes significativos para variáveis, se possível mnemônico a sua característica dentro do programa.

Regras para escolher nomes de variável em Python:

- Pode-se começar o nome da variável com uma letra ou o caractere de sublinhado (underscore) (ex: vel_media).

- Pode-se usar letras maiúsculas e minúsculas, mas é padrão utilizar sempre minúsculas.

- Pode-se usar dígitos, mas não como primeiro caractere (ex: media2, mas não 2media)

A linguagem Python reserva um conjunto de *palavras-chaves* que não podem ser utilizadas como variáveis, pois tem significados especiais para o Python, assim como os caracteres das operações matemáticas. Na Tabela 1.4 listamos o conjunto das palavras-chaves reservadas para o interpretador Python.

Tabela 1.4 – Palavras-chaves reservadas em Python

False	Class	Finally	Is	return
None	continue	For	Lambda	Try
True	Def	From	Nonlocal	while
And	Del	Global	Not	With
As	Elif	If	Or	Yield
Assert	Else	Import	Pass	
Break	except	In	Raise	

Exemplos de variáveis válidas em Python:

```
>>> D2 = 4
>>> lm_nota = 7.8
>>> Nome = 'Maria'
>>> sobre_Nome = 'Silva'
```

Capítulo 1   As sintaxes básicas da linguagem Python   •   **23**

Nota: Essas regras para nomes de variáveis valem em versões de Python abaixo da versão 3.0. Nestas versões o padrão de codificação era baseado em caracteres ASCII (caracteres do alfabeto inglês). Nas versões a partir da versão 3.0 é utilizada a codificação de caracteres Unicode. Assim, muito mais símbolos e caracteres podem ser usados, tais como caracteres chineses, árabes, etc.

1.4 operadores em Python

Em nosso primeiro programa definimos o cálculo numérico da fórmula do Alcance dada por:

$$A = \frac{V_0^2 \text{sen}(2\theta)}{g}$$

que em sintaxe da linguagem Python foi escrita conforme a linha de programa reproduzida a seguir:

```
A = (Vo*Vo*sin(2*te))/g
```

1.4.1 Operador de atribuição =

O sinal de igual (=) em Python é um operador de atribuição o qual é usado para atribuir um valor para uma variável. A forma geral desta atribuição é

```
Variável = expressão
```

onde a `expressão` pode ser uma constante, outra variável ou o resultado obtido de uma operação matemática, ou como no caso acima, o resultado do cálculo de uma fórmula atribuído à variável *A*.

A linguagem Python permite o uso de múltiplas atribuições, como por exemplo, imagine que você deseje atribuir valor, 3.4, a várias variáveis (a, b, c) ao mesmo tempo, então é possível fazer através de um único comando, como mostrado a seguir,

```
>>> a = b = c = 3.4
>>> a, b, c
(3.4, 3.4, 3.4)
```

Também é possível fazer

```
>>> a, b, c = 2, 3.2, 5
>>> a, b, c
(2, 3.2, 5)
```

1.5 Operadores aritméticos

Em nosso cálculo do Alcance nós utilizamos 02 (dois) operadores aritméticos que foram a multiplicação (*) e a divisão (/). Estes operadores são considerados operadores aritméticos binários por operarem sobre dois operandos, diferente de um operador unário que opera sobre um único operando. São também operadores binários a soma (+), a subtração (-) e o operador módulo (%), que retorna o resto da divisão de dois números inteiros, como por exemplo, (5 % 2) é igual a 1. Temos ainda o menos unário (-) que opera somente sobre um operando.

O resultado de uma operação binária com operadores do mesmo tipo resultará um valor do mesmo tipo. Na Tabela 1.5 listamos as operações binárias e o resultado da operação. Cuidado, no entanto, com divisões de inteiros, pois na nova versão do Python 3.x o resultado é sempre em ponto flutuante.

Exemplo: 7/3 = 2.33333333.

Tabela 1.5 – Resultado de operações com operadores binários

Operação	Descrição	Tipo (se x e y inteiro)
x + y	Soma	Inteiro
x − y	Diferença	Inteiro
x * y	Produto	Inteiro
x / y	Divisão + -	Flutuante

x // y	Divisão inteira	Inteiro
x % y	Resto de x // y	Inteiro
x ** y	x elevado à y	Inteiro

Quando uma operação está sendo efetuada com diferentes tipos de dados, o valor da variável de menor tamanho é convertido ao tipo da variável de maior tamanho, conforme a regra que falamos anteriormente e a operação é executada com valores do mesmo tipo. Para não correr o risco de usar duas variáveis de um tipo e perder dados na conversão você pode utilizar a *conversão explícita de dados*. Você utiliza um operador molde - um operador unário que permite especificar a mudança no tipo antes da operação a ser efetuada, por exemplo, sejam duas variáveis inteiras: *soma e valores* e queremos a média como valor do tipo float, sem perder dados por erro de truncamento entre a divisão de inteiros. A solução seria escrever,

media = (float) soma/valores

Dessa forma o valor da *soma* é convertido para *float* antes da divisão, e pela regra, os valores são convertidos agora em valores do tipo *float* e você obtém um valor final do tipo *float*, sem perda de dados por arredondamento.

1.5.1 Precedência de operadores aritméticos

Você deve lembrar das lições de matemática quando realizava operações algébricas em equações que devia resolver primeiro os parênteses, depois a multiplicação e a divisão. Em Python, da mesma forma, quando se está fazendo uma expressão algébrica, o cálculo de uma fórmula em que mais de um operador aritmético está sendo utilizado, precisamos ter clareza da hierarquia em que as operações são efetuadas, ou seja, a *precedência* (a ordem) que operadores aritméticos são efetuados.

- Em Python, os parênteses são calculados primeiro, como na Matemática. Se houver vários parênteses, serão efetuados os mais internos para os mais externos.

- Numa expressão de vários termos Python avalia cada termo (separados por + ou -) da esquerda para a direita.

Em seguida aos parênteses, os operadores unários são calculados antes dos operadores binários de multiplicação, divisão e módulo (*, /, %); os operadores binários de adição e subtração são avaliados por último. Quando há vários operadores de mesmo nível de precedência em uma expressão, as variáveis são agrupadas (ou associadas). As regras de associatividade é que especifica a ordem das operações em grupo. Assim temos que para operadores de soma e subtração a regra de associatividade é calcular a expressão da esquerda para a direita, assim como os operadores binários de multiplicação, divisão e módulo. Na Tabela 1.6 a seguir colocamos a ordem da precedência dos operadores de aritméticos.

Tabela 1.6 – Precedência dos operadores aritméticos em Python

Precedência	Operador	Associatividade
1	Parênteses ( )	Mais interno
2	Operador binário (* *)	Direita para esquerda
3	Operadores binários: *, /, / /, %	Esquerda para direita
4	Operador binário: + -	Esquerda para direita

1.5.2 Conversão de tipos implícitas

Numa expressão algébrica ou lógica envolvendo operadores de diferentes tipos, a regra de Python é converter cada operando para o tipo que contém os outros (conforme a hierarquia preestabelecida da linguagem). Esta hierarquia é esquematizada no diagrama abaixo:

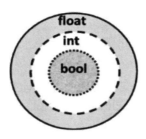

Assim, se você soma uma operação como: *True* + 6, você obterá como resultado o valor inteiro 7, pois, *True*, de acordo com a regra, será convertido para o tipo inteiro (no caso

Capítulo 1   As sintaxes básicas da linguagem Python • **27**

1 por ser verdadeiro) que é maior na hierarquia. Se você somar 3 + 0.23, você obterá o valor em ponto flutuante 3.23, pois, o valor inteiro 3 será convertido primeiro para tipo ponto flutuante.

Exercícios

1. Indique a ordem de avaliação dos operadores para cada uma das seguintes expressões efetuadas em Python e determine o valor de E após as operações.

    a) E = 3/7 + (8 - 4) + 4*2**3/4

Solução: Primeiro é avaliado o parêntese (valor 4), em seguida 3/7 (da esquerda para a direita) dando valor em ponto flutuante: 0.42857142857142855, depois é calculado 2 * *3 = 8. Em seguida multiplica-se por 4 e divide-se por 4. Assim, o resultado geral é 12.042857142857142855.

    a. E = 5 (9 + 2)*2**3 (4/2);
    b. E = 8 + 2*(3 + 2) / 2 - 3;
    c. E = 2 + (3 + (3 * 4/(2 * 3)*3 + 2) + 2*4;
    d. E = 5% 2 + 2*3 - 4 / 4;
    e. E = 5 + 0 % 4 / 2;

2. Para as grandezas ou fórmulas abaixo escreva os comandos em Python que determinam adequadamente o cálculo das mesmas. Assuma que todas as variáveis são do tipo ponto flutuante.

    a. $F = GMm / r^2$

    b. $m = m_0 \sqrt{1 - v^2}$

    c. $P_2 = P_1 + \dfrac{PV_2^2 \left(A_2^2 - A_1^2 \right)}{2A_1^2}$

28 • Introdução à Programação Numérica em Python

$$d. \quad r = \frac{a\left(1 - \epsilon^2\right)}{1 - \epsilon \cos\theta}$$

$$e. \quad \epsilon = \sqrt{1 + \frac{2EL^2}{G^2 M^2 m^3}}$$

Para as seguintes declarações em Python, escreva a fórmula matemática respectiva:

a. potencial = G*M*m*(1/R-1/(R+h))
b. exp(x)*cos(x)-sin((exp(x))*exp(2*x)
c. v = sqrt(2*g*h/(1.+l/(m*(r**2))))
d. a = -(k*e**2/m)*(x-d)/pow(((x-d)**2+y**2),3./2)

1.5.3 Operadores aritméticos de atribuição

A linguagem Python permite simplificar as expressões de atribuição. Esta simplificação é feita com o uso do operador de atribuição = e os operadores aritméticos, os exemplos a seguir mostram que as atribuições são equivalentes:

x = x + 6;   x += 6;
y = y – 3;   y – = 3;
E = E * 8;   E *=8;
f = f / 2; f /=2;
n = n % 4;   n %=4;

Estas formas de atribuições além de serem mais concisas, pemitem que alguns compiladores compilem muito mais rápido o código-fonte e executarem muito mais rápido o código gerado.

1.6 Exercícios

1. Determine quais dos seguintes nomes são válidos como variáveis em Python.

a) densidade; b) área; c) Tempo; d) xsoma; e) x_soma; f) taxa-soma; g) seg²; h) graus_C;

Capítulo 1   As sintaxes básicas da linguagem Python • **29**

i) void; j) #123; l) Valor-Final

2. Elabore um programa em Python que solicite os valores das variáveis a, b e c da equação quadrática: $ax^2 + bx + c = 0$, determine as raízes da equação e mostre a saída no monitor.

3. A partir da estrutura do programa **oblíquo** elabore um programa que solicite ao usuário a temperatura em Fahrenheit e Celsius no monitor. Utilize na formatação de saída das variáveis apenas duas casas decimais. Isto pode ser feito usando-se %.2f no comando **print()**.

4. Elabore um programa em Python que solicite a velocidade inicial de um automóvel (v_0) e sua aceleração constante (a) e com estas informações determine a posição e velocidade do automóvel, mostrando no monitor a seguinte mensagem forma- tada: "Em t = ..., a velocidade do automóvel é = ... e sua posição é = ...". Todas as saídas com precisão de 2 casas decimais.

   Solução:

```
#muv.py
'''Programa para solucionar o movimento uniformemente variado
Programador: Elinei Santos
Data da ultima revisao: 20/04/2017'''
vo = eval(input("Entre com\
a velocidade inicial (km/h)\n"))
a = eval(input("Entre com\
a aceleracao (km/h**2)\n"))
t = eval(input("qual o intervalo\
de tempo em horas ?\n"))
xo = 0.0
v = vo + a*t
x = xo + v*t + 0.5*a*t**2
print("Em t = %.2f h, a velocidade\
e = %.2f km/h e a posicao \
e = %.2f km\n" %(t,v,x))
```

5. Desprezando a resistência do ar temos que a equação da trajetória que descreve o movimento do centro de massa de uma bola de basquete é dada por:

$$y = x \, \text{tg}(\theta) - \frac{1}{2} \frac{g x^2}{v_0^2 \cos^2(\theta)} + H$$

Elabore um programa que solicite do usuário a altura que é lançada a bola H, a velocidade inicial, o ângulo de lançamento e a posição horizontal x da bola e determine a posição vertical da mesma. Mostre o resultado no monitor com 2 algarismos após o ponto decimal.

6. Um cano conduzindo vapor perde calor para o meio ambiente e para as superfícies em sua vizinhança por processos de convecção e radiação dado pela equação do fluxo total de calor por unidade de tempo Φ dado abaixo:

$$\Phi = \pi d L \left[h \left(T_s - T_{ar} \right) + \varepsilon \sigma_B \left(T_s^4 - T_{vis}^4 \right) \right]$$

onde $\varepsilon = 0.8$ é a emissividade da superfície do cano, $\sigma_B = 5{,}67 \times 10^{-8}$ Wm²K⁴ é a constante de Boltzmann, $h = 10$W/m²K e $T_{vis} = 298$K.

Elabore um programa em Python que solicite a temperatura da superfície (T_s) do cano, o comprimento L(m) e o diâmetro d(m). Calcule e imprima no monitor o fluxo total de calor correspondente.

Capítulo 2
Objetos turtle graphics

Neste capítulo vamos apresentar e utilizar o módulo turtle, o qual permite criar gráficos, linhas e diferentes formas e ainda manipular imagens. Acreditamos que por ser bastante fácil sua utilização e mostrar na forma visual os resultados, isto torna mais acessível e agradável a aprendizagem da linguagem Python. Em vários exemplos nos próximos capítulos utilizaremos este módulo para exemplificar outros comandos e a estrutura da linguagem.

2.1 Primeiro programa com turtle (tartaruga)

Vamos fazer um primeiro programa bem simples, o qual consiste de uma série de quadrados unidos em um dos vértices e que crescem em tamanho, a listagem em Pythom é mostrada a seguir:

```
#quadrados_crescentes.py
'''Desenha uma serie de quadrados unidos em um dos vertices,
Programador: Elinei Santos
Data da ultima revisao: 25/04/2017'''
import turtle #importa o modulo turtle
caneta = turtle.Pen() #cria um objeto caneta
for lado in range(20, 200,20): #define os lados do quadrado
    for j in range(4):
        caneta.forward(lado) #segue para frente em pixels = lado
        caneta.left(90)      #gira 90 graus a para esquerda a
caneta
```

Depois dos comentários, na primeira linha, importamos o módulo turtle que permite a utilização da estrutura gráfica para desenhar na tela. Em seguida, criamos um objeto denominado por nós *caneta* que passa a representar a função *Pen()* do módulo turtle. Dessa forma, podemos sempre utilizar o objeto caneta para desenhar o que queremos na tela. Assim, ao invés de escrever *turtle.Pen().forward()* como um comando, podemos apenas escrever *caneta.forward()*.

Na linguagem de programação orientada a objetos, dizemos que instanciamos um objeto Turtle que chamamos caneta.

Na sequência criamos um laço repetitivo com o comando for (que detalharemos no próximo capítulo). Este comando gera uma repetição para *lado* começando com 20 e indo até 200 de vinte em vinte (ou seja, lado assume os valores 20, 40, 60,..., 200). Indentado a este laço há um outro laço interno em *j* começando em 1 e indo até 4. É neste laço interno que desenhamos cada quadrado de tamanho fornecido pela variável *lado*. Para cada valor da variável *lado* a caneta segue desenhando o valor adiante (lado pixels) para em seguida girar de noventa graus à esquerda, fazendo isto quatro vezes de tal forma a fechar o desenho do quadrado. Dessa forma, obtemos uma série de quadrados unidos pelo vértice com tamanho crescente. O resultado obtido é mostrado na Figura 2.1 a seguir.

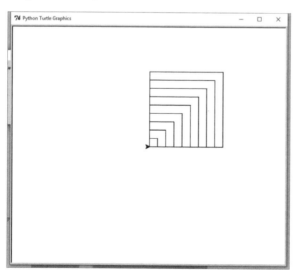

Figura 2.1 – Quadrados crescentes unidos pelo vértice inferior esquerdo gerado pelo módulo turtle.

2.2 Círculos e rosetas com turtle

Vamos agora implementar um gráfico que apresenta uma série de círculos em forma de roseta, uma roseta com três círculos. O programa a seguir gera esta roseta:

```
#circulosroseta3.py
'''Desenha uma roseta composta por tres circulos
Programador: Elinei Santos
Data da ultima revisao: 25/04/2017'''
import turtle #importa o modulo turtle
caneta = turtle.Pen() #cria um objeto caneta
for j in range(3):
    caneta.circle(100) #segue para frente em pixels = lado
    caneta.left(120)   #gira 90 graus a para esquerda a caneta
```

Novamente importamos o módulo *turtle*, em seguida, criamos um objeto chamado *caneta* que passa representar a função *Pen()*, como anteriormente. Fazemos na sequência uma estrutura de repetição com o laço *for*, onde *j* varia de 0 até 2, portanto gerando três repetições. O comando *pena.circle(100)* desenha um círculo com raio de tamanho 100 (pixels). Em seguida, fazemos que a caneta gire 120 graus para a esquerda e inicie o desenho de um novo círculo. Mostramos o resultado na Figura 2.2.

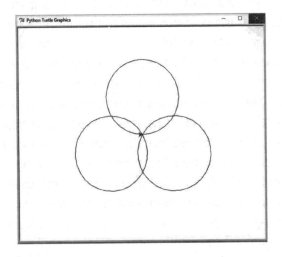

Figura 2.2 – Roseta com três círculos gerada pelo módulo turtle.

Exercício: Altere o programa circulosroseta3.py para criar diferentes rosetas com 4 e 6 círculos. Altere também os ângulos de giro à esquerda para 60 e 90 graus.

No exemplo seguinte vamos alterar o programa anterior de tal forma a desenharmos uma roseta com quatro círculos coloridos. O programa é listado a seguir:

```
#circulosrosetacor.py
'''Desenha uma roseta composta por 4 circulos coloridos
Programador: Elinei Santos
Data da ultima revisao: 25/04/2017'''
import turtle #importa o modulo turtle
caneta = turtle.Pen() #cria um objeto caneta
turtle.bgcolor("white")
cores = ["red", "black", "blue", "green"]
for x in range(4):
    caneta.pencolor(cores[x%4])
    caneta.circle(100) #segue para frente em pixels = lado
    caneta.left(90)    #gira 90 graus a para esquerda a caneta
```

Vamos apenas mostrar as modificações que fizemos nos programas anteriores. Para começar, iniciamos com o comando *turtle.bgcolor("white")* que altera a cor de fundo para branco, você pode alterar para "*black*" para realçar as cores dos círculos. Na sequência, criamos uma lista de nome das cores que queremos utilizar (vermelho, preto, azul e verde), em inglês, pois é a linguagem padrão do Python. Criamos assim uma variável do tipo lista chamada *cores*. Estas cores corresponderão a cor de cada círculo criado. Note que as cores devem ser colocadas entre aspas (simples ou duplas), pois são strings, ou seja, palavras que serão usadas na próxima função *pencolor* que altera a cor da caneta. Esta alteração da cor é feita no comando *caneta.pencolor(cores[x%4])*. O operador % (módulo) ou *mod* nos ajuda a escolher o item da lista. Como retorna o resto inteiro da divisão, temos os seguintes valores desta operação à medida que x varia no laço: 0, 1, 2, 3 que correspondem as cores "red", "black", "blue" ou "green", respectivamente. Na sequência utilizamos o método *circle*. Este método desenha um círculo com raio indicado; o raio do círculo se encontra a raio pixels à esquerda da pena (ou da tartaruga).

Na Figura 2.3 mostramos o resultado obtido. Quando executar o programa, as cores aparecerão na tela, conforme foram definidas.

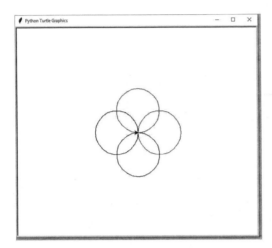

Figura 2.3 – Roseta colorida com quatro círculos gerados pelo módulo turtle. As cores aparecerão na tela conforme definidas no programa.

2.3 Um gerador de polígonos

Vamos implementar um programa que solicita para o usuário o número de lados de um polígono. A partir deste dado o programa utiliza o módulo turtle para desenhar o mesmo na tela. O fato principal é notar que 360 graus divididos pelo número de lados é o ângulo necessário para a pena virar para esquerda após ter desenhado a reta definida em pixels por tamanho. E este ângulo é suficiente para fechar a curva desenhada, gerando o polígono. Na Figura 2.4 temos um polígono de 8 lados gerado com o programa *desenha_poligonos.py*.

```
#desenha_poligonos
'''Desenha um poligono regular qualquer de n lados
Programador: Elinei Santos
Data da ultima revisao: 25/04/2017'''
import turtle
caneta = turtle.Pen()
lados = eval(input("Entre com o numero de lados do poligono "))
#na versao Python 3.0 utilizar apenas input ao invés de input
```

```
tamanho = 60
for i in range(lados):
    caneta.forward(tamanho)
    caneta.left(360/lados)
turtle.mainloop()
```

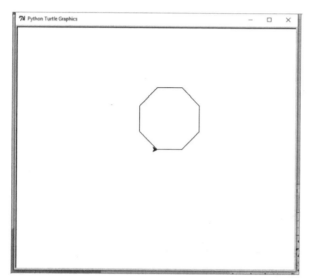

Figura 2.4 – Polígono de 8 lados gerado com o módulo turtle.

2.4 Espiral de Arquimedes

O próximo exemplo implementa a curva denominada espiral de Arquimedes. Essa consiste de espirais crescentes. Aqui utilizamos um novo comando para alterar a largura da escrita do objeto turtle: *caneta.width(2)*. Para gerar a trajetória em espiral, fazemos com que o objeto turtle (representado por caneta) movimente-se para frente um certo número de passos, em seguida mude a direção levemente e volte a movimentar-se um pouco mais para frente, e vamos repetindo estas três ações sucessivamente gerando a curva em espiral. O número de espirais determinará a quantidades de números de voltas para gerar a espiral:

Capítulo 2 Objetos turtle graphics • **37**

O número de voltas para qualquer número de espirais desejadas fornecerá a quantidade de vezes que o laço for se repetirá para gerar as espirais. Por exemplo, para gerar 4 espirais o número de voltas calculado é 72x4=288. Note que esse valor multiplicado por 5 (o ângulo que a caneta é girada a cada passo) fornecerá o valor 1.440 que dividido por 360 (valor em graus de um círculo) resulta 4 círculos. O programa é listado a seguir e o gráfico para este número de espirais é mostrado na Figura 2.5.

```python
#espiral_Arquimedes
'''Desenha a espiral crescente de Arquimedes
Programador: Elinei Santos
Data da ultima revisao: 25/04/2017'''
import turtle
caneta = turtle.Pen()
caneta.width(2) #aumentamos a largura da escrita da caneta
num_espirais=4.0
passo = 0.5
incremento = 0.04
angulo = 5.
num_voltas = int((360/angulo) * num_espirais)
for i in range(num_voltas):
    caneta.forward(passo) #desenhamos um segmento de tamanho passo
    passo += incremento    #aumentamos o passo levemente
    caneta.right(angulo)   #giramos a caneta levemente para direita
turtle.mainloop()
```

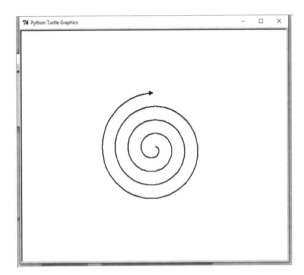

Figura 2.5 – Espiral de Arquimedes gerada com o módulo turtle.

2.5 Espiral de quadrados crescentes com lados seguindo a sequência de Fibonacci

A sequência de Fibonacci é a sequência de números dada por:

0, 1, 1, 2, 3, 5, 8, 13, 21, 34, ...

Ou seja, os termos da sequência a partir do terceiro termo são gerados a partir da soma dos dois números antecedentes. Matematicamente, temos:

F0 = 0
F1 = 1
Fn = Fn-1 + Fn - 2 para > 1

Vamos implementar um programa utilizando o módulo turtle que modifique o programa *quadrados_crescentes.py* de tal forma que os lados dos quadrados cresçam de acordo com a sequência de Fibonacci a partir do terceiro termo. Vamos desenhar uma sequência de 12 quadrados. A implementação é simples. Um laço externo controla o número de termos que queremos gerar da sequência. Estes termos serão os lados dos quadrados. No laço interno é que desenhamos cada quadrado com o respectivo lado.

Capítulo 2 Objetos turtle graphics • **39**

O resultado é mostrado na Figura 2.6.

```python
#quadrado_fibonacci.py
import turtle
'''Desenha quadrados unidos por um dos vértices com os lados
crescentes
seguindo a sequencia de Fibonacci
Programador: Elinei Santos
Ultima revisão: 20/08/2017'''
caneta = turtle.Pen()
caneta.width(2)
term_ant=1
term_pos=2
lado =term_ant
for i in range(term_ant, 12):
    for j in range(4):
        caneta.forward(lado)
        caneta.left(90)
    novo = term_ant+term_pos
    term_ant=term_pos
    term_pos=novo
    lado = novo
turtle.mainloop()
```

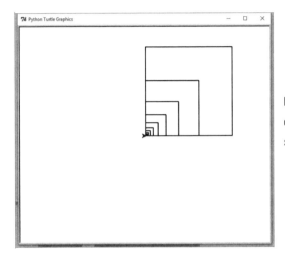

Figura 2.6 – Quadrados cujos lados seguem a sequência de Fibonacci.

2.6 Exercícios

1. Adapte o programa *quadrados_crescentes.py* para gerar o seguinte gráfico:

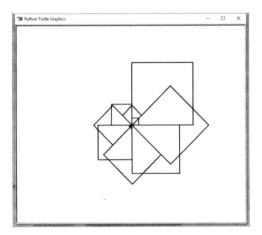

2. Elabore um programa em Python que gere uma espiral quadrangular crescente, como a figura a seguir:

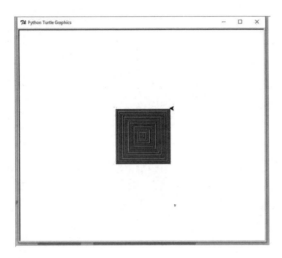

3. A partir do programa *quadrado_fibonacci.py* gere o seguinte gráfico:

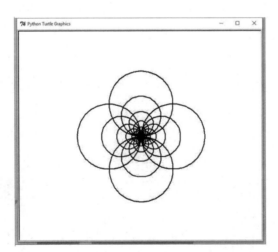

Capítulo 3

O uso de estruturas de decisão e repetição – gravação em arquivo

O uso de computador para resolver ou calcular o valor de uma fórmula não mostra o poder computacional de uma linguagem de programação, como a linguagem Python, pois isto pode ser feito com qualquer calculadora numérica razoável. O grande poder do cálculo computacional está em resolver de forma rápida cálculos numéricos complexos com um grande número de tomadas de decisões e cálculos repetitivos que demorariam para serem executados manualmente. Neste capítulo, nós estenderemos a capacidade da computação numérica da linguagem Python através do uso dos **comandos de decisão** e **comandos de repetição ou laços**. Iremos também abordar os procedimentos de leitura e gravação de arquivos em Python.

Problema: Elaborar um procedimento de leitura computacional que permita ao usuário entrar com a temperatura em graus Celsius e calcular a temperatura em uma das conversões de escala de Celsius para Fahrenheit, de Celsius para Reaumur, de Celsius para Kevin. O programa deve prever que caso o usuário coloque uma opção inválida para o cálculo de uma das conversões, então, será exibida uma mensagem avisando que a opção é inválida e o programa será finalizado.

Este ainda é um problema simples, mas que servirá para nós fazermos uma aplicação direta dos comandos de decisão. O algoritmo para resolver o problema pode ser colocado da seguinte forma:

1. Definir as variáveis da temperatura Celsius, Fahrenheit, Reaumur, Kelvin
2. Solicitar ao usuário a temperatura em Celsius
3. Receber o valor digitado pelo usuário via teclado
4. Perguntar qual conversão o usuário deseja fazer através de uma opção
5. Se a opção for diferente de 1, 2, 3

Então imprimir mensagem de opção inválida e finalizar o programa
Senão calcular as conversões
Se opção = 1 converter para Fahrenheit e imprimir a temperatura em Celsius e o valor convertido para Farenheit
Se opção = 2 converter para Reaumur e imprimir a temperatura em Celsius e o valor convertido para Reaumur
Se opção = 3 converter para Kelvin e imprimir a temperatura em Celsius e o valor convertido para Kelvin

Fim

Uma possível implementação computacional deste algoritmo em Python pode ser visualizada na listagem a seguir. Há opções para executar este mesmo algoritmo de forma mais eficiente e com recursos computacionais de Python melhores, como veremos posteriormente, porém, nossa intenção é apenas mostrar o uso das estruturas de decisão.

```python
#conversaotemp.py
'''Programa para conversao de escalas termometricas.
Exemplo de uso de estruturas de decisao if/else em Python
Programador: Elinei Santos
Data da ultima revisao: 24/09/2016'''
import math
tc = eval(input("Entre com o a temperatura em \
    graus Celsius a ser convertida \n: "))
print("Escolha a escala de acordo com o numero: \
    (1) Fahrenheit (2) Reaumur (3) Kelvin")
esc = eval(input("Que escala voce deseja a conversao ? \n: "))
if( esc < 1 or esc >3):
    print("Escolha invalida, voce deve usar\
```

Capítulo 3   O uso de estruturas de decisão e repetição – gravação em arquivo   •   **45**

```
    1, 2 ou 3, tente novamente...\n")
elif (esc==1):
    tf= (9./5)*tc +32.
    print("A temperatura em Celsius = %3.2f" %tc,\
        "convertida para Fahrenheit e = %3.2f" %tf)
elif (esc == 2):
    tr = (4./5) *tc
    print("A temperatura em Celsius = ", tc, \
        "convertida para Reaumer e = ", tr)
elif (esc == 3):
    tk = tc+ 273.
    print("A temperatura em Celsius = ", tc,\
        "convertida para Kelvin e = ", tk)
```

3.1 Estruturas de decisão

Uma estrutura de decisão é composta de uma **condição** ou expressão condicional que pode ser verdadeira (**V**) ou falsa (**F**). Se a condição for verdadeira, então, os comandos referentes a esta opção são executados. Se for falsa, outro conjunto de comandos ou instruções será executado.

Uma **condição** é composta de uma expressão combinada com operadores relacionais ou operadores lógicos.

3.1.1 Operadores Relacionais

Os operadores relacionais são usados para comparar duas expressões em Python, eles são listados na tabela 3.1 a seguir:

Tabela 3.1: Operadores relacionais em Python

Operador Relacional	Interpretação
<	Menor que
<=	Menor ou igual

>	Maior
>=	Maior ou igual
==	Igual
!=	Diferente

Nota: Fique atento à diferença entre o sinal de igualdade (==) e sinal de atribuição (=) em Python. Na matemática para comparar duas grandezas ou dizer que são iguais, você usa o sinal =. No entanto, em Python o sinal = é um sinal de **atribuição**. Ou seja, quando você diz: x = 5 ou x = y, você está informando ao interpretador Python para atribuir o valor 5 a x no primeiro caso e o valor de y no segundo.

* Em Python, o valor 1 é atribuído a uma condição verdadeira e o valor 0 é atribuído a uma condição falsa.

* É importante prestar atenção no uso de condições em loops (ou estruturas de repetição). Se a expressão for sempre verdadeira (como por exemplo: 20 > 10), o programa ficará em loop para sempre. Uma maneira de sair de loops é pressionar simultaneamente **Ctrl+C** para interromper o programa.

3.1.2 Operadores Lógicos

Os operadores lógicos também são usados dentro de condições. No entanto, estes operadores comparam condições, não expressões, como fazem os operadores relacionais. Temos três operadores lógicos em Python mostrados na tabela 3.2.

Tabela 3.2: Operadores lógicos de Python

Operadores lógicos	Símbolo
E	AND
OU	OR
NÃO	NOT

Os operadores relacionais têm mais alta precedência do que os operadores lógicos, numa expressão envolvendo os dois tipos de operadores os relacionais são avaliados primeiro.

Capítulo 3 O uso de estruturas de decisão e repetição – gravação em arquivo • **47**

Tabela da verdade para operadores lógicos

Nas tabelas a seguir mostramos a tabela da verdade para o uso de operadores lógicos. Vamos supor que temos duas expressões: A e B, vamos resumir o resultado que se obtém de acordo com o uso dos diferentes operadores lógicos. Nas tabelas 3.3, 3.4 e 3.5 temos as tabelas da verdade para o lógico E, o lógico OU e lógico NOT, respectivamente.

Exercício: Escreva os comandos a seguir em expressões booleanas em Python e diga se são True ou False.

Tabela 3.3: Tabela da verdade lógico E (AND)

A	B	A AND B
F	F	F
F	V	F
V	F	F
V	V	V

Tabela 3.4: Tabela da verdade lógico OU (OR)

A	B	A OR B
F	F	F
F	V	V
V	F	V
V	V	V

Tabela 3.5: Tabela da verdade lógico Não (*NOT*)

A	NOT A
F	V
V	F

Exercício: Escreva os comandos a seguir em expressões booleanas em Python e diga se são True ou False.

a. A soma de 3 e 4 é menor que 10
b. O valor de 7//3 é igual a 1+1
c. A soma de 2 ao quadrado e 3 ao quadrado é igual a 13
d. 31 é par
e. 1387 é divisível por 19.

Exercício: Qual o valor das seguintes expressões em Python (True ou False)?

a. 'a' == 'A'
b. 5 == 5
c. 5 == 6
d. 42 and True
e. 'a' <= 'b'
f. NOT (1 > 2)

Em Python temos três estruturas de decisão:

```
if
if-else
if-elif-else
```

3.1.3 Estrutura if

Sintaxe geral para o comando **if**

```
if condição: instrução
```

Se a condição for verdadeira (V) a instrução é executada, se falsa (F) o programa salta a instrução. Se houver várias instruções a serem executadas, estas devem ficar indentadas uma embaixo da outra, conforme o esquema a seguir.

Capítulo 3 O uso de estruturas de decisão e repetição – gravação em arquivo • 49

```
if condição:
    instrução 1
    instrução 2
    ...
    instrução n
```

3.1.4 Estrutura if-else

Sintaxe para a estrutura condicional if-else

```
if condição:
    instrução 1
else:
    instrução 2
```

No caso em que se tenha várias instruções para cada parte da estrutura if-else, devemos utilizar as instruções indentadas, como foi feito anteriormente com o comando if, ou seja

```
if condicao:
    instrução 1
    instrução 2
    ...
    instrução n
else:
    instrução 1
    instrução 2
    ...
    instrução n
```

Exemplo: Parte de um programa que avalie se um número qualquer x é par ou ímpar.

```
if x % 2 == 0
    print ('x é par')
else:
    print ('x é ímpar')
```

Em caso de condições aninhadas pode ter uma estrutura da seguinte forma:

```
if x == y:
    print('x e y sao iguais')
else:
    if x < y:
        print('x é menor do que y')
    else:
        print('x é maior do que y')
```

Na estrutura indentada anterior, temos duas estruturas if-else, sendo que na primeira instrução else criamos novamente uma estrutura if-else. A indentação define os blocos de comandos pertencentes às diferentes instruções. Vejamos mais um exemplo com esta estrutura indentada a seguir.

Exemplo: Um ano é bissexto se for divisível por 4, mas, não por 100. Um ano também é bissexto se for divisível por 400. Elabore um programa em Python que peça um ano via teclado do usuário e imprima na tela se o mesmo é ou não bissexto.

O programa a seguir é uma possível solução para o problema onde utilizamos a estrutura de decisão if-else indentada.

```
#AnoBissexto.py
'''Programa que verifica se um ano inserido pelo usuario é bissexto
Programador: Elinei Santos
Data da ultima revisao: 20/04/2017'''
import math
a = eval(input("Entre com o ano desejado para verificar se e
bissexto "))
if ((a%100 != 0) and (a%4 == 0)):
    print("O ano é bissexto !")
else:
    if ( a%400 == 0):
        print("O ano é bissexto !")
    else:
        print("O ano não é bissexto !")
```

Capítulo 3 O uso de estruturas de decisão e repetição – gravação em arquivo • **51**

No programa `AnoBissexto.py`, utilizamos duas estruturas condicionais `if-else`. Na primeira estrutura verificamos se o ano é divisível por 100 e por 4. Se esta condição for verdadeira, então, o programa imprime que o ano é bissexto. No caso desta condição ser falsa, a estrutura **else** é executada. Neste caso utilizamos novamente uma estrutura `if-else` para verificar se o ano inserido é divisível por 400, pois, esta é também uma condição para que seja bissexto. Se esta condição também for falsa, então, utilizamos a condição **else** para imprimir que o ano não é bissexto. Note que a estrutura `else` só é executada se a condição em `if` for falsa.

3.1.5 Estrutura if-elif-else

Em nosso programa de conversão de temperatura lançamos mão do comando de decisão `if-elif` onde o usuário entra com um valor numérico para escolher o tipo de conversão de escala que deseja fazer. Neste caso, queremos escolher apenas um tipo de conversão. Tivemos que prever que o usuário pudesse erroneamente entrar com outras opções numéricas inválidas, como números menores que 1 ou maiores que 3. Assim, fizemos o teste desta condição, se a opção escolhida fosse menor que o valor 1 ou (em Python a opção da condição **OU** lógico é feita pelo operador lógico **or**) maior que o valor 3, o programa emite uma mensagem ao usuário e finaliza, conforme o trecho do programa reproduzido parcialmente a seguir. Se for falsa esta opção a estrutura executa a parte `elif` que são as conversões que desejamos. Fazendo este procedimento evitamos que o programa fique perdido quando por ventura o usuário entre com uma opção inválida.

```
if( esc < 1 or esc >3):
    print("Escolha invalida, voce deve usar\
    1, 2 ou 3, tente novamente...\n")
elif (esc==1):
    .............
    .............
```

Uma vez escolhida a conversão desejada, as outras não serão calculadas. A estrutura `if-elif` é ideal para este caso, cada teste condicional é analisado em sequência até que uma condição no teste seja verdadeira. No caso se a opção for 1 o programa calcula a conversão para Fahrenheit, conforme o trecho de programa que reproduzimos a seguir. Uma vez que a decisão `elif (esc == 1)` é verdadeira as duas instruções são executadas, ou seja, o cálculo da conversão da temperatura de Celsius para Fahrenheit e a impressão no monitor do resultado (impressão formatada). Os dois outros comandos `elif` não serão mais verdadeiros e, portanto, não serão executados. O interpretador Python simplesmente ignora os outros testes. Isto é eficiente computacionalmente, pois permite testar e executar uma única condição específica. Isto vale para outras escolhas ou opções, uma vez que uma delas é verdadeira as outras são falsas e não serão executadas. Note que não utilizamos o comando de decisão `else`, pois, os comandos `elif` capturam a condição desejada.

```
elif (esc==1):
    tf= (9./5)*tc +32.
    print("A temperatura em Celsius = %3.2f" %tc,\
        "convertida para Fahrenheit e = %3.2f" %tf)
```

3.2 Listas em Python

Uma das mais versáteis estruturas de dados em Python são as **listas**. Uma lista é um conjunto de dados (ou itens) não necessariamente do mesmo tipo (que podem ou não estarem relacionados entre si) e que são armazenados em sequência. Uma característica importante das listas é que elas são dinâmicas, ou seja, podemos alterar sua dimensão e seus itens em tempo de execução.

3.2.1 Sintaxe para criação de listas

Uma lista é criada por um conjunto de itens entre colchetes e separados entre si por vírgulas. A seguir, mostramos alguns exemplos de criação de listas.

```
>>> temp = [-10, -20, 0, 30, 40, 45.5, 22.4]
>>> temp
[-10, -20, 0, 30, 40, 45.5, 22.4]
>>> fisicos = ['Einstein', 'Bohr', 'Schrodinger', 'Planck', 'Newton']
>>> fisicos
['Einstein', 'Bohr', 'Schrodinger', 'Planck', 'Newton']
>>> Nobel = ['Einstein', 1921, 'Bohr', 1922, 'Planck', 1918,
```

```
'Schodinger', 1932]
>>> Nobel
['Einstein', 1921, 'Bohr', 1922, 'Planck', 1918, 'Schodinger',
1932]
```

Em **temp** criamos uma lista de valores que misturam números inteiros em números em ponto flutuante. Em **físicos** criamos uma lista com nomes ou strings. Na lista **nobel** misturamos tipos de dados, **strings** e números inteiros.

3.2.2 Acessando elementos da lista

Como as listas são conjuntos de dados ordenados, todo item da lista está associado a um índice que fornece a posição do item na lista. **O primeiro elemento da lista tem índice 0**. O segundo elemento tem índice 1 e assim sucessivamente. Para acessar um elemento basta escrever o nome da lista seguido do índice do elemento entre colchetes, exemplo: `temp[0] = -10; temp[4] = 30; físicos[1] = 'Bohr'`.

Nota: Lembre-se que a posição do primeiro elemento da lista começa em 0 e não em 1.

A lista também pode ser acessada a partir do último elemento usando índices negativos, sendo que o último elemento tem índice -1, exemplo: fisicos[-1]= 'Newton'; fisicos[-3]='Schrodinger'.

3.2.3 Operações com listas: alterando, acrescentando e removendo elementos

- Modificando elementos da lista:

Para modificar um elemento da lista basta usar o nome da lista e o índice da posição onde você deseja acrescentar o novo elemento na lista.

Exemplo:

```
>>> fisicos = ['Einstein', 'Bohr', 'Schrodinger', 'Planck',
```

54 • Introdução à Programação Numérica em Python

```
'Newton']
    >>> fisicos[0] = 'Thomson'
    >>> fisicos
    ['Thomson', 'Bohr', 'Schrodinger', 'Planck', 'Newton']
```

- Acrescentando elementos no fim de uma lista:

O método `append()` permite a concatenação ou inserção de um novo elemento ao final da lista. Os outros elementos após a inserção permanecem inalterados.

Exemplo:

```
temp = [-10, 20, 0, 30, 40, 45.5, 22.4]
    >>> temp. append(70) #adiciona o novo elemento 70 no fim da
lista
    >>> temp              #para ver a nova lista
    [-10, 20, 0, 30, 40, 45.5, 22.4, 70]
```

- Inserindo elementos em uma lista:

Para inserir um elemento novo em qualquer posição da lista você pode utilizar o método `insert()`. Para isto, basta você especificar o índice (a posição) do novo elemento e seu valor. O item é acrescentado à posição especificada e o restante dos itens é deslocado para a direita na lista.

Exemplo:

```
    >>> fisicos = ['Einstein', 'Bohr', 'Schrodinger', 'Planck',
'Newton']
    >>> fisicos.insert(3,'Maxwell') #acrescenta o novo item
'Maxwell' na quarta posição
    >>> fisicos
    ['Einstein', 'Bohr', 'Schrodinger', 'Maxwell', 'Planck',
'Newton']
```

Capítulo 3   O uso de estruturas de decisão e repetição – gravação em arquivo • **55**

- Removendo um elemento comando **del**:

Quando você conhece a posição do item e deseja removê-lo, você deve utilizar o comando **del**. Lembrando que após utilizar o comando **del** o item não mais pertence à lista e assim, não poderá mais ser acessado.

Exemplo:

```
>>> fisicos = ['Thomsom', 'Bohr', 'Schrodinger', 'Maxwell',
'Planck', 'Newton']
>>> del fisicos[4] #apaga o quarto item da lista
>>> fisicos
['Thomsom', 'Bohr', 'Schrodinger', 'Maxwell', 'Newton']
```

- Removendo um elemento e disponibilizando para uso com o método `pop()`:

Quando você deseja remover um item da lista, porém, quer utilizar este elemento removido, você deve utilizar o método `pop()`. No caso do uso do método sem um índice, o Python considera a lista em forma de pilha, onde o último elemento da lista é o primeiro a sair via método `pop()`.

Exemplo:

```
>>> fisicos = ['einstein', 'bohr', 'newton', 'schodinger']
>>> fisicos
['einstein', 'bohr', 'newton', 'schodinger']
>>> elemento_removido = fisicos.pop(0)
>>> print('O fisico removido da lista foi '+ elemento_removido.
title())
O fisico removido da lista foi Einstein
```

No caso de se usar apenas o método pop() sem índice, será removido o último elemento da lista.

Exemplo:

```
>>> elemento_removido = fisicos.pop()
>>> print('O fisico removido da lista foi ' + elemento_
removido.title())
O fisico removido da lista foi Schodinger
```

- Concatenando listas com +

Duas listas podem ser concatenadas (assim como duas strings) usando o operador +. Esta operação gera uma nova sequência do mesmo tipo de dados, sendo que as listas originais permanecem iguais.

Exemplo:

```
>>> lista1=[1 , 2, 3, 4, 5,6]
>>> lista2=[7,8,9,10]
>>> lista_soma=lista1+lista2
>>> lista_soma
[1, 2, 3, 4, 5, 6, 7, 8, 9, 10]
```

Nas seções a seguir, vamos utilizar e ampliar os métodos de utilização de listas em Python.

3.3 Estruturas de Repetição – Laços

As estruturas de repetição ou laços são utilizadas para implementar blocos de instruções ou estruturas que necessitam ser repetidas um certo número de vezes. Nesta seção vamos utilizar estas estruturas de repetição em Python.

3.3.1 Simulação: Mapa logístico $(x_{n+1} = mx_n (1-x_n))$

Problema: Estudar os diferentes comportamentos dinâmicos do mapa logístico através do diagrama de bifurcação. Em geral, um sistema físico apresenta diferentes **parâmetros** que fazem parte do modelo matemático que o descreve. A alteração destes parâmetros provoca mudanças no comportamento dinâmico e, dessa forma, um mes-

Capítulo 3 O uso de estruturas de decisão e repetição – gravação em arquivo • **57**

mo modelo matemático pode apresentar inúmeros comportamentos dinâmicos. Em sistemas não lineares estas mudanças podem ser imprevisíveis e com uma rica gama de comportamentos.

As diferentes dinâmicas são de ponto fixo, quando o sistema se estabiliza neste ponto e permanece neste ponto indefinidamente, pode ser um movimento periódico ou quase-periódico e comportamento caótico. Deseja-se então obter um panorama geral dos diferentes tipos de comportamento à medida que se vai variando um de seus parâmetros. O panorama geral do sistema será mais adequado quanto maior a quantidade do parâmetro podemos variar de tal forma a termos ponto a ponto as mudanças significativas que o sistema sofre com esta variação infinitesimal.

A programação usando estruturas de repetição para gerar este diagrama é adequada, uma vez que permite a iteração da equação para um grande número de parâmetros.

Modelo matemático: Mapa lógico. Mapa unidimensional estudado inicialmente por R. May (1976). Este mapa descreve um modelo simplificado da dinâmica populacional de uma espécie, como moscas ou bactérias, por exemplo. Num crescimento do tipo Maltusiano a taxa de crescimento da população depende da quantidade da população existente no momento, expresso matematicamente como:

$$x_{n+1} = mx_n$$

Numa análise mais realista, toda população tem um fator regulador de crescimento. Há morte por predação, morte natural, etc. Assim, há um fator de diminuição da população que limita o crescimento exponencial Maltusiano. Dessa forma, o modelo mais simples (conhecido como mapa logístico), porém, com as informações essenciais desta dinâmica, é expresso como:

$$x_{n+1} = mx_n \left(1 - x_n\right)$$

Onde m representa o potencial biótico da população, ou seja, a capacidade biológica de se reproduzir e crescer. E em nossa análise matemática, m, é o **parâmetro de controle** que pode alterar a dinâmica do modelo.

Solução computacional: Nosso objetivo é obter um diagrama do parâmetro de controle m versus o comportamento dinâmico x_{n+1}. Devemos a partir de uma condição inicial iterar o sistema: $x_{n+1} = mx_n (1 - x_n)$ de tal forma que seu comportamento transiente tenha sido eliminado e logo em seguida iterar novamente o sistema dado pela equação 3.1 e armazenar um certo número de iterações de tal forma a representar a dinâmica final do sistema para aquela condição inicial e aquele valor do parâmetro de controle m. Vamos transformar este nosso objetivo em um algoritmo e implementá-lo na linguagem Python.

1. Abrir arquivo (bifogi.dat) para armazenamento
2. Definir o número de parâmetros NPON e o número de repetição transiente NTRAN
3. Repita para m = mi até mf com incremento, passo = (max − min)/NPON

   m = m+passo

   x = x0; condição inicial

   Repita para i = 1 até NTRAN

   $$x = m*x*(1 - x)$$

   Fim de repetição em i

   Repita para j = NTRAN+1 até N

   $$x = m*x*(1 - x)$$

   Armazenar em biflogi.dat(m, x) em duas colunas

   Fim de repetição em j

4. Fim de repetição em m
5. Fechar o arquivo biflogi.dat

A implementação do algoritmo anterior em linguagem Python é mostrada na sequência, o qual é a listagem de um programa testado e através do qual iremos introduzir a sintaxe de laço **for** da linguagem Python.

```
#mapalogistico.py
'''Programa para gerar o diagrama de bifurcacao
do mapa logistico
Refe: Quantifying Chaos, Jan Tobochnick and Harvey gould, Computers
```

Capítulo 3   O uso de estruturas de decisão e repetição – gravação em arquivo • **59**

```
in
Physics, NOV/DEC 1989
Programador: Elinei Santos
Data da ultima revisao: 20/01/2017'''
from numpy import arange
N=500
bmin = 1.0
bmax = 4.0
passo = (bmax-bmin)/N
try:
    biflog=open("biflog.dat","w") #grava os dados no arquivo biflog.
dat
    print("Arquivo biflog.dat aberto!!")
except IOError:
    print("Arquivo nao pode ser aberto!!\n")
for m in arange(bmin, bmax, passo):
    m=m+passo
    y=0.1
    for i in range(100):
        y = m*y*(1.-y)
    for j in range(100):
        y = m*y*(1.-y)
        biflog.write("%.2f \t %.2f\n" %(m,y))
print("dados armazenados em biflog.dat\n" )
biflog.close()
```

O interpretador Python não verifica o erro de lógica ou outros erros de programação.

O resultado obtido é mostrado na Figura 3.1 a seguir. Para valores de m abaixo de 3, temos comportamento periódico (período-1), para valores m um pouco maior ocorre a bifurcação do sistema para o período-2, período-4 e assim sucessivamente até apresentar comportamento caótico, conhecida como duplicação de período, do tipo 2^n.

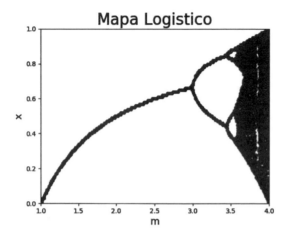

Figura 3.1 – Diagrama de bifurcação do mapa logístico. Diferente comportamento dinâmico do sistema para diferentes valores do parâmetro m.

Para visualização gráfica do arquivo de dados gerados, podemos fazer um programa em Python que utiliza o pacote `matplotlib` para gerar o diagrama de bifurcação. O programa a seguir lê o arquivo biflog.dat e gera o diagrama no vídeo. Uma vez gerado você pode utilizar a opção de salvar em diferentes formatos disponíveis tais como: pdf, eps, png, jpg, etc. Vamos mais adiante explicitar a gravação e a leitura de arquivo. Iniciaremos vendo as estruturas de repetição na próxima seção.

```
#plot_logi.py:
'''programa para ler um arquivo de dados e fazer o grafico
Programador: Elinei Santos
Data da ultima revisao: 22/11/2016'''
import matplotlib.pyplot as plt
import sys
x = []
y = []
try:
    dataset = open('biflog.dat','r')
    print("Arquivo biflog.dat aberto!!")
except IOError:
    print('Arquivo nao existe no diretorio atual \n')
    sys.exit(1)
for line in dataset:
    line = line.strip()
```

Capítulo 3 O uso de estruturas de decisão e repetição – gravação em arquivo • **61**

```
X, Y = line.split() # split(','), split(';')
x.append(float(X))
y.append(float(Y))
dataset.close()
plt.title("Mapa Logistico", fontsize=24)
plt.xlabel("m", fontsize=15)
plt.ylabel("x", fontsize=15)
plt.plot(x,y,'.b' )
plt.axis([1.0, 4.0, 0.0, 1.0])
plt.show()
```

3.3.2 A sintaxe da estrutura de repetição em linguagem Python

Iniciamos o programa com os delineadores # e ''' para identificação e documentação do programa e seus objetivos.

Quando determinado conjunto de instruções devem ser repetidas inúmeras vezes dentro de um programa chamamos de estrutura de repetição ou laços. Em linguagem Python temos duas formas de criar essas estruturas de repetição que são:

```
for
while
```

3.3.3 O laço for

Sintaxe do laço for:

```
for elemento in lista:
    comando 1
    comando 2
    .
    .
    .
```

Nessa estrutura **elemento** representa uma variável qualquer provisória que deve receber os elementos contidos na lista. Quando se elabora um laço `for` você pode utilizar qualquer palavra, porém, é aconselhável utilizar uma palavra minemônica aos elementos guardados na lista. O laço for executa uma iteração para cada item de uma lista ou executa uma repetição de determinados conjuntos de comandos para cada item de uma lista. A função que permite criar uma lista de números é a função: range(n), onde n é a quantidade de números que queremos criar. Por exemplo, range(5), cria uma lista com cinco números de 0 a 4 (zero é o primeiro número da lista). Cada linha de comando deve ser indentada para pertencer ao laço e será executada uma vez a cada valor da lista. Vamos exemplificar alguns tipos de uso do laço for a seguir.

Exemplo 1: Tabela de conversão de temperatura em Fahrenheit para Celsius

```
#fahren_celsius_tabela.py
'''Gera uma tabela de transformações de escalas
Programador: Elinei Santos
Data da ultima revisão: 11/11/2016'''

tempFah = [-60, -50,-40,-30,-20,-10,0,10,20,30,40,50] #cria uma
lista
print 'F \t C'
for f in tempFah: #para cada repeticao a variavel f recebe um valor
da lista
    tempCe = (5./9)*(f-32.) #uso do ponto na divisao assegura
resultado em real
    print '%d \t %5.2f' %(f, tempCe)
```

No programa `fahren_celsius_tabela.py` criamos uma lista denominada `tempFah` com vários valores de temperatura na escala Fahrenheit. Uma lista é criada entre colchetes com elementos separados por vírgula. Cada elemento da lista é associado a um índice que indica a posição do elemento na lista. O primeiro elemento tem índice 0 (exemplo: `tempFah[0] = -60, tempFah[1] = -50, etc.`). No laço for criamos uma variável temporária `f` que deve receber os valores dos elementos da lista `tempFah`. A cada repetição ou laço a variável temporária `f` recebe um elemento da lista, começando com o elemento `f = temFah[0] = -60` e terminando com o elemento `f = tempFah[11] = 50`, todos inteiros. No interior do laço for utilizamos a fórmula de transformação de escala para fazer a conversão para a escala Celsius. Em seguida,

Capítulo 3 O uso de estruturas de decisão e repetição – gravação em arquivo • **63**

imprimimos o resultado em duas colunas separadas por um espaço de tabulação \t. A primeira variável f (variável temporária) escrita na forma de inteiro %d e a temperatura em Celsius na variável tempCe no formato de ponto flutuante com cinco caracteres, sendo dois para a precisão após o ponto decimal. A saída deste programa mostrará no monitor as duas colunas a seguir:

```
 F     C
-60    -51.11
-50    -45.56
-40    -40.00
-30    -34.44
-20    -28.89
-10    -23.33
 0     -17.78
 10    -12.22
 20     -6.67
 30     -1.11
 40      4.44
 50     10.00
```

No próximo exemplo vamos utilizar o módulo Turtle visto no Capítulo-2 para exemplificar o uso do laço **for** com múltiplos comandos dentro do laço.

Exemplo: Vamos elaborar uma espiral circular de várias cores.

```
#espiralcircular.py
'''Gera uma espiral de circulos coloridos
Programador:Elinei Santos
Data da ultima revisao: 15/04/2017'''
import turtle
pena = turtle.Pen()
turtle.bgcolor("white")
cores = ["red", "black", "blue", "green"]
for x in range(100):
    pena.pencolor(cores[x%4])
```

```
pena.circle(x)
pena.left(91)
```

No programa `espiralcircular.py` utilizamos o laço `for` com a função `range(100)` para gerar uma lista com cem elementos que serão colocados na variável provisória `x`, um valor a cada repetição do laço. Com o valor `x` utilizamos a função módulo para gerar os índices: 0, 1, 2, 3 de tal forma que na linha de comando `pena.pencolor(cores[x%4])` a cor da pena muda para as cores "red", "black", "blue", "green" a cada repetição do laço. Ainda com o valor de `x` desenhamos com a função `circle(x)` círculos de raios `x`. Na sequência `pena.left(91)`, para girar a tartaruga (ou o objeto pena) de 91 graus para a esquerda a cada repetição. Isto faz com que cada círculo seja desenhado com diferentes cores. A função `turtle.bycolor ("white")` é para colocar a cor de fundo em branco, para destacar as figuras coloridas geradas. O resultado é o gráfico mostrado na Figura 3.2.

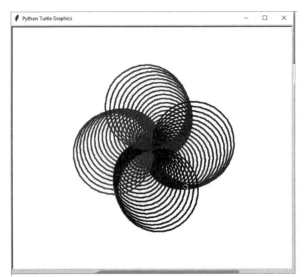

Figura 3.2 – Espiral circular gerado com o módulo Turtle e utilizando laço for. As tonalidades de cinza aparecerão coloridas no monitor.

No programa do cálculo de bifurcação também utilizamos três estruturas de laço **for**, reescrita a seguir:

Capítulo 3   O uso de estruturas de decisão e repetição – gravação em arquivo   • **65**

```
for m in arange(bmin, bmax, passo):
    m=m+passo
    y=0.1
    for i in range(400):
        y = m*y*(1.-y)
    for j in range(400):
        y = m*y*(1.-y)
        biflog.write("%.2f \t %.2f\n" %(m,y))
```

Iniciamos o primeiro laço `for` com uma variável provisória `m` que deve receber valores da lista (com valores em ponto flutuante) entre os valores `bmin` e `bmax` e incrementados por um valor fixo definido por passo. Dentro deste laço principal há um comando que atribui a `y` o valor 0.5 (condição inicial). A seguir temos um novo laço for com a estrutura já vista anteriormente, ou seja, `i` varia de 0 a 399, fazendo com que a instrução y = m * y (1. - y) seja executada 400 vezes. Um novo laço de 400 repetições é novamente executado com uma nova variável provisória `j`. Neste laço há duas instruções: uma para calcular o valor do mapa logístico y = m * y * (1 - y) e outra que escreve no arquivo `biflog.dat` os valores correspondentes de `m` e `y`. Estes valores são gravados em duas colunas separadas por uma tabulação e no formato de ponto flutuante com precisão de duas casas decimais. Note a indentação dos laços. Ela é importante para definir que linhas de comandos estão dentro de cada laço.

3.3.4 List comprehensions – abrangência de listas

Em Python há a possibilidade de juntar em uma única instrução várias linhas de comando. Uma `list comprehensions` combina o laço `for` e a geração de elementos e a concatenação destes novos elementos automaticamente. Sua sintaxe geral é:

```
nova_lista = [Expressão[elem] for elem in lista if condição]
```

onde `Expressão[elem]` representa uma expressão envolvendo o elemento `elem`.

Introdução à Programação Numérica em Python

Esta sintaxe assemelha-se a uma expressão matemática do tipo:

$$expressão = \{2x^2 \ \forall \ x \ \varepsilon \ N, x > 10\}$$

Ou seja, a expressão é composta de todos os números naturais elevados ao quadrado e multiplicado por 2 desde que o valor do número natural seja maior do que 10.

Vamos utilizar esta possibilidade no trecho de programa a seguir. Inicialmente criamos uma lista com 13 valores na escala Fahrenheit. Em seguida, utilizando novamente a abrangência de treze valores transformados. No fim utilizamos um laço `for` para imprimir a lista gerada com formatação.

Exemplo:

```
>>> tempFah = [-60+i*10 for i in range(13)]
>>> tempFah
[-60, -50, -40, -30, -20, -10, 0, 10, 20, 30, 40, 50, 60]
>>> tempCel = [(5./9)*(f-32) for f in tempFah]
>>> for C in tempCel:
   print '%5.2f' % C
   -51.11
   -45.56
   -40.00
   -34.44
   -28.89
   -23.33
   -17.78
   -12.22
   -6.67
   -1.11
   4.44
   10.00
   15.56
```

Capítulo 3 O uso de estruturas de decisão e repetição – gravação em arquivo • **67**

Exemplo: Utilizando a abrangência de lista gerar uma lista com os primeiros 100 números ímpares.

```
>>> nums=range(100)
>>> print([x for x in nums if x%2])
[1, 3, 5, 7, 9, 11, 13, 15, 17, 19, 21, 23, 25, 27, 29, 31, 33, 35,
37, 39, 41, 43, 45, 47, 49, 51, 53, 55, 57, 59, 61, 63, 65, 67, 69,
71, 73, 75, 77, 79, 81, 83, 85, 87, 89, 91, 93, 95, 97, 99]
```

Utilizamos o fato de que um número é ímpar quando sua divisão por 2 não é exata, de tal forma que o resto da divisão inteira por 2 resulta em 1, o que na condição if é TRUE. Assim na abrangência de lista serão impressos somente os valores da lista nums que são ímpares.

Exercicio: Elabore uma abrangência de lista em Python com laço em `for` que calcule a soma de todos os números ímpares até 100000. Utilize a função `sum()` para notar como o Python é rápido na soma. A lista dos números ímpares é uma P.A. de razão 2, cuja a soma (S) é calculada por:

$$S = \frac{(a_1 + a_N)N}{2},$$

onde a_1 é o primeiro termo, a a_N **é o último termo e N é o número de termos da P.A. Compare com o valor numérico obtido com Python.**

3.4 Gravação em arquivo

Um arquivo de dados pode ser um conjunto de caracteres, que chamamos **arquivo de texto** ou um conjunto de bytes que chamamos **arquivo binário**. Através dos arquivos é possível guardar nossas informações processadas. Aqui em especial, estamos interessados principalmente em arquivos de dados (extensão `.dat`), que são armazenados em colunas que podem ser lidos por outros programas e assim gerarem figuras, gráficos e tabelas. Optamos pelo uso do módulo `matplotlib` para esta tarefa e, assim, fornecemos os comandos básicos necessários que utilizamos para gerar todas as figuras neste livro.

Introdução à Programação Numérica em Python

Em linguagem, um **arquivo** pode ser qualquer objeto físico (como impressora, monitor, teclado) ou lógico (como um arquivo em disco).

3.4.1 Como funciona a gravação de arquivo em Python

Quando um arquivo é aberto, é criado um **buffer (região de memória temporária utilizada na escrita ou leitura de dados)** na memória, ou seja, um dispositivo lógico – uma abstração. A ideia é criar uma entidade abstrata que independa do tipo de disposição físico ou o arquivo, de tal forma que o programador possa pensar no acesso ao **arquivo** independente de qual dispositivo real ele vá acessar para ler ou gravar um dado.

Os dispositivos podem diferenciar-se entre si nos recursos de acesso aos dados, porém, em Python, todos os **buffers** são iguais, o que não ocorre com os arquivos. Assim, tendo uma "entidade" (abstrata) que represente todas as gamas de dispositivos (**buffers**) que são vistos como **arquivos** permite uma programação mais fácil e universal.

A solução por este dispositivo lógico permite que a leitura e gravação de dados seja mais rápida. Imagine que você precise fazer um programa que aceite os caracteres via teclado e vá armazenando num arquivo no disco rígido. O processo de acesso e gravação no disco rígido é mecânico, demora um certo tempo para determinar a trilha livre, posicionar o sistema de gravação ou leitura. Fazendo isto em um dispositivo lógico que vai gravando sem perda de dados e depois de uma só vez descarrega no dispositivo final (**flushing**), torna o processo muito mais rápido para o usuário.

Toda vez que você faz uma abertura de arquivos em Python, você automaticamente está criando um **buffer**. E isto lhe capacita a trocar dados entre o dispositivo lógico e o seu programa. Da mesma forma, o fechamento de arquivo desassocia o **buffer** de seu programa. Além disso, o processo de fechamento faz com que todos os dados armazenados no dispositivo lógico (**buffer**) sejam efetivamente gravados no dispositivo desejado, processo denominado de **flushing-descarga do buffer**. Esta operação de fechamento também verifica se não há informação deixada no **buffer**.

Capítulo 3 O uso de estruturas de decisão e repetição – gravação em arquivo • **69**

A função `close()` esvazia o **buffer** e finalmente grava o arquivo no dispositivo físico escolhido (disco rígido, etc.) antes de fechar o arquivo. É possível esvaziar as escritas sem necessariamente fechar o arquivo aberto. Isto pode ser feito com a função `flush()`: `>>> arquivo_aberto.flush()`.

3.4.2 Abertura de arquivos

Em nosso programa de bifurcação criamos um arquivo (`biflog.dat`) para armazenar os dados que serviam para gerarmos o diagrama de bifurcação. Este trecho do programa é mostrado e analisado a seguir.

```
try:
    biflog=open("biflog.dat","w") #grava os dados no arquivo biflog.
dat
    print("Arquivo biflog.dat aberto!!")
except IOError:
    print("Arquivo nao pode ser aberto!!\n")
```

3.4.3 Função para abertura de arquivo – função open()

Para criar um arquivo em Python, utilizamos a função **open()**. Na criação do arquivo a função precisa de dois segmentos: um com uma **string** que fornece nome do arquivo a ser criado e outro (no formato de **string**) que informe ao Python como o arquivo será utilizado.

A função **fopen** é usada para a abertura do arquivo. Estes códigos estão listados na Tabela 3.6 a seguir.

Tabela 3.6: Códigos para manipulação de arquivos em Python

Modo	Significado
"r"	Abre um arquivo texto para leitura (default)
"w"	Abre arquivo texto para gravação (apaga o anterior)
"a"	Faz um anexo a um arquivo texto ("append")

"r+"	Abre um arquivo texto para leitura e gravação
"rb"	Abre um arquivo binário para leitura
"wb"	Abre um arquivo binário para gravação (apaga o anterior)
"ab"	Faz um anexo a um arquivo binário ("append")
"rb+"	Abre arquivo binário para leitura e gravação

Importante: Quando se utiliza o modo escrita ("w") se o arquivo já existe todo o conteúdo anterior será sempre apagado.

Em nosso exemplo, usamos `biflog = fopen("biflog.dat", "w")`, ou seja, abrimos um arquivo de nome `biflog.dat` e como opção de **modo** escolhemos "w". Isto implica que toda vez que o programa for executado ele cria um arquivo com este nome e apaga qualquer dado que tinha sido anteriormente armazenado, gera sempre um novo arquivo com novos dados. Note também que usamos uma estrutura **try-except** no processo de abertura. Esta é uma estrutura para tratamento de exceção (que veremos com mais detalhes). Este procedimento é aconselhável, pois, queremos ter certeza de que o arquivo pode ser aberto. Se não houver espaço no disco, ou algum problema que não permita a gravação ou leitura do arquivo, queremos ser avisados, pois, saberemos que o arquivo não foi gravado (tratamento de exceção).

A macro **IOError** é a mensagem padrão de Python, caso o processo de abertura de arquivo falhar por qualquer motivo. Se houver um erro na abertura do arquivo ele retorna esta mensagem e o arquivo não é aberto, imprimindo a mensagem no monitor: **O arquivo % não pode ser aberto**. Neste caso, o comando `sys.exit(1)` finaliza o programa e retorna ao sistema operacional. Se a opção do comando `try` não retornar nenhum erro, significa que conseguimos abrir o arquivo normalmente e o programa prossegue para o próximo comando após a estrutura `try-except`.

3.4.4 Tratamento de exceções

Um dos erros mais comuns para quem trabalha com dados numéricos é a divisão de um valor por zero. No geral, as linguagens não têm como lidar com esses erros e apenas emitem uma mensagem padrão do sistema que aponta o erro. Esta mensagem pode ser entendida por programadores mais experientes, mas, nem sempre pelos ini-

Capítulo 3 O uso de estruturas de decisão e repetição – gravação em arquivo • **71**

ciantes, e muito menos pelos usuários do programa. Python fornece objetos especiais chamados exceções para lidar com esse e demais tipos de erros que possam ocorrer durante a execução de um programa. A estrutura básica para o tratamento de exceções em Python é:

```
try:
    comandos
except:
    comandos
```

O bloco `try` avalia os comandos, se nenhum erro ocorre, esses comandos são executados e o programa prossegue. Como não há exceção, o bloco `except` não é executado. No entanto, se algum erro ocorre nos comandos do bloco `try`, Python "levanta" essa exceção e remete ao bloco `except`. O bloco `except` fornece comandos que devem lidar com o erro levantado e devem corrigi-lo ou pelo menos gerar uma mensagem de erro mais amigável do ponto de vista do usuário do programa. No caso de o erro de exceção não ser tratado, o programa será interrompido e, simultaneamente, uma mensagem **(traceback) será exibida.**

Considere a situação de imprimir o resultado no monitor da divisão por zero, como mostrado a seguir:

```
>>> print(12/0)
Traceback (most recent call last):
  File "<pyshell#46>", line 1, in <module>
    print(12/0)
ZeroDivisionError: integer division or modulo by zero
```

Note a mensagem de Python para a tentativa de divisão por zero, sem o tratamento de exceção. O tratamento de exceção poderia melhorar a mensagem de erro destinada ao usuário, isto pode ser implementado da seguinte forma:

```
try:
    print(12/0)
except ZeroDivisionError:
    print("Ha uma tentativa de divisao por zero")
```

72 • Introdução à Programação Numérica em Python

Dessa forma, o programa emitiria a mensagem: "Há uma tentativa de divisão por zero" e encerraria automaticamente, voltando ao `prompt` de comando.

3.5 Lendo um arquivo de dados em Python

No programa `plote_logi.py` para ler o arquivo de dados (`biflog.dat`) para gerar o gráfico do diagrama de bifurcação, também utilizamos a estrutura `try-except`. No bloco **try** utilizamos a função `open()` para abrir o arquivo, neste processo, Python cria um objeto (que representa o arquivo) e armazena em `dataset` para o nosso uso posteriormente. Em seguida, o programa imprime a mensagem: "arquivo aberto!!". Devemos prever que caso o arquivo não exista no diretório ou esteja corrompido este não poderá ser aberto para leitura. O trecho `except` trata essa exceção, emitindo uma mensagem no monitor informando que o arquivo não existe no diretório. Esse procedimento foi reescrito a seguir:

```
try:
    dataset = open('biflog.dat','r')
    print("Arquivo biflog.dat aberto!!")
except IOError:
    print('Arquivo nao existe no diretorio atual \n')
    sys.exit(1)
1. for line in dataset:
    2. line = line.strip()
    3. X, Y = line.split()# split(' , '), split(' , ')
    4. x.append(float(X))
    5. y.append(float(Y))
```

Considerando que foi aberto o arquivo, queremos ler os dados contidos no mesmo. Em nosso caso, iremos lendo linha por linha do arquivo (lembre-se que o arquivo possui duas colunas de dados). Assim, utilizamos um laço **for** no objeto `dataset` que representa o arquivo a ser lido, de forma a ler linha por linha (1). No laço, a variável temporária `line` é uma `string` que mantém a linha atual do arquivo (representado pelo objeto `dataset`). A ideia é como se `dataset` fosse uma lista e você percorre cada elemento dessa lista com a variável temporária `line`.

Capítulo 3 O uso de estruturas de decisão e repetição – gravação em arquivo • **73**

Uma vez que a cada linha do arquivo gravado temos um caractere de nova linha '\n', queremos eliminar este caractere em cada linha lida. Para isso utilizamos a função `strip(2)`. Em seguida criamos duas variáveis temporárias X e Y para armazenar os valores da primeira e da segunda coluna, respectivamente (3). A função `split()` separa os elementos das linhas (separados por espaço em branco ou outro caractere que esteja separando os dados) em palavras. Se for separado por espaço em branco você utiliza a função sem argumento: `line.split()` (nosso caso); se for separado por vírgula use com argumento: `line.split(,)`, etc. Tendo já separado cada conjunto de dados por linha do arquivo nas variáveis X e Y, utilizamos a função `append()` para anexar esses valores às listas anteriormente vazias **x[]** e **y[]** (4) e (5).

Obs: o método **strip() remove espaços em branco dos dois lados ao mesmo tempo de uma** *string para eliminar espaços em brancos apenas do lado esquerdo pode-se utilizar o método* **lstrip().**

Importante: Ao abrir e ler um arquivo-texto em Python qualquer texto no interior do arquivo é interpretado como uma string. Assim, como estamos interessados em trabalhar com valores numéricos devemos converter explicitamente os valores lidos na forma correspondente do tipo numérico desejado. Se for um valor inteiro devemos covertê-lo utilizando a função int() se for um número de ponto flutuante utilizamos a função `float()`. Por isso antes de utilizar a função `append()` convertemos explicitamente os valores de X e Y para tipo flutuante.

3.6 Usando Matplotlib para gerar gráficos

Nesta seção vamos detalhar o uso do pacote **Matplotlib** utilizado para geração de gráficos neste livro. Vamos utilizar a estrutura e sintaxe mais próximos do pacote científico **Matlab**, por este ser o pacote mais comum utilizado na programação numérica, facilitando a quem já tenha experiência neste pacote. Vamos explicar o uso do pacote através de exemplos gráficos.

74 • Introdução à Programação Numérica em Python

3.6.1 Gráfico simples com pylab

Vamos fazer o gráfico da função do oscilador harmônico amortecido escrita matematicamente a seguir: $y(t) = Ae^{-bt}\cos(\omega t)$

sendo A = 8, b = 0,1 e w = 2,0.

O programa `cap3_graf1.py` a seguir usa o pacote **matplotlib** juntamente com o módulo **pylab** cuja sintaxe se assemelha com o programa **matlab**.

```
#cap3_graf1.py
'''Exemplo de grafico simples com matplotlib
Programador: Elinei Santos
Data da ultima revisao: 26/12/2016'''
import matplotlib.pylab as plt
from math import cos, exp
t = plt.linspace(0,30,200)
y = plt.zeros(len(t))
for i in xrange(len(t)):
    f = 8*exp(-0.1*t[i])*cos(2*t[i])
    y[i] = f
plt.plot(t,y,'b')
plt.title('Oscilador amortecido')
plt.xlabel('tempo(s)', fontsize = 15)
plt.ylabel('y(m)', fontsize = 15)
plt.axis([0,30, -8,8])
plt.show()
```

Para fazer o gráfico importamos o pacote `matplotlib.pylab` e geramos um novo nome `plt`. Criamos uma lista **t** com 200 valores entre 0 e 30. Em seguida, criamos uma lista vazia (`y`) do tipo **float** com a dimensão da lista **t**. Através do laço **for** repetimos o valor de **i** para o tamanho de elementos da lista em **t**. Nesse laço é calculada a função do oscilador harmônico amortecido. Note que utilizamos o pacote **math** de forma diferente, pois, só importamos as funções `sin` e `exp`. Como utilizamos o comando **from**

math import cos, exp não podemos utilizar o operador ponto. Os valores calculados da função são armazenados na lista vazia `y[i] = f`. O comando `plot(t,y)` cria o gráfico de y em função de t. Note que as funções do pacote pylab são acessados pelo operador ponto(.). Utilizamos o comando `title`, `xlabel` e `ylabel` para colocar o título e legendas nos eixos coordenados. O texto que deve aparecer no gráfico, no título e em cada eixo deve estar entre aspas simples ou duplas. O tamanho da fonte pode ser alterado pelo comando **fontsize**. O gráfico só será mostrado quando executar o comando `show()` agindo sobre o objeto plt.

Na Figura 3.3 mostramos a função gerada pelo programa em Python.

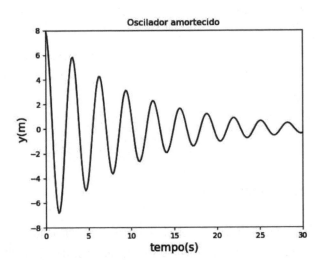

Figura 3.3 – Gráfico simples do oscilador harmônico amortecido gerado pelo módulo matplotlib.

Uma outra forma de gerar o gráfico com o pacote é importar todas as funções. E neste caso, não é necessário utilizar o operador ponto. O programa `cap3_graf1v1.py` é uma segunda maneira de se obter o mesmo gráfico da Figura 3.3. Com a sintaxe de importação não estamos representando o pacote com um nome em particular. Estamos importando todas as funções ou métodos referentes ao pacote. Se por um lado isto torna a sintaxe mais direta no uso das funções, isto acarreta um custo de memória, por importar funções que não vamos utilizar.

76 • Introdução à Programação Numérica em Python

```
#cap3_graf1v1.py
'''Exemplo de grafico simples com matplotlib
importando todos os metodos
Programador: Elinei Santos
Data da ultima revisao: 26/12/2016'''

from matplotlib.pylab import *
from math import *
t = linspace(0,30,200)
y = zeros(len(t))
for i in xrange(len(t)):
    f = 8*exp(-0.1*t[i])*cos(2*t[i])
    y[i] = f
plot(t,y,'-b')
title('Oscilador amortecido')
xlabel('tempo(s)', fontsize = 15)
ylabel('y(m)', fontsize = 15)
axis([0,30, -8,8])
show()
```

3.6.2 Gerando gráfico com várias funções

Para gerar várias curvas no mesmo gráfico podemos utilizar diferentes comandos plot, um para cada curva que se deseja desenhar. Cada curva é gerada por um comando **plot** individual e nele são colocadas as características de cada curva. O programa `cap3_graf1v2.py` é um exemplo de como gerar duas curvas num mesmo gráfico. Uma função f1 e outra f2 com diferentes parâmetros. As funções são ainda do tipo do oscilador harmônico amortecido, escritas a seguir:

$f1 = 8e^{-0,2t} \cos (2t)$

$f2 = 10e^{-0,15t} \cos (2,5t)$

Capítulo 3 O uso de estruturas de decisão e repetição – gravação em arquivo • **77**

A sintaxe é a mesma para a geração da Figura 3.3, a mudança essencial está no comando `plot(t,y1,'b-', linewidth=2)`. Esse comando imprime a curva de **y1** em função do tempo **t** com a forma de curva contínua e na cor azul definida por '**b--**'(linha sólida em azul). O comando **linewidth = 2** define a espessura da linha do gráfico. Em versões anteriores era necessário colocar o comando **hold('on')** após o primeiro **plot**. Isso assegurava que o próximo comando **plot** acrescentasse a nova curva juntamente com a primeira. Na versão atual este comando não é mais necessário. A segunda curva é definida da mesma forma com cor vermelha e tracejada (comando '**r--**'). A nova espessura é mais larga que a primeira e definida com o comando **linewidth = 3**. No final são definidos o título e as legendas do gráfico. Esta última é criada com o comando **legend(['f1','f2'])**. O Python identifica a primeira curva, a legenda de f1 e a segunda curva legenda f2. A Figura gerada com este programa é mostrada na Figura 3.4.

```
#cap3_graf1v2.py
'''Exemplo de grafico simples com legenda
usando o modulo matplotlib
Programador: Elinei Santos
Data da ultima revisao: 26/12/2016'''
from matplotlib.pylab import *
from math import *
t = linspace(0,30,200)
y1 = zeros(len(t))
y2 = zeros(len(t))
for i in xrange(len(t)):
    f1 = 8*exp(-0.2*t[i])*cos(2.*t[i])
    f2 = 10*exp(-0.15*t[i])*cos(2.5*t[i])
    y1[i] = f1
    y2[i] = f2
plot(t,y1,'b-',linewidth = 2)
#hold('on') #utilizado em versoes mais antigas
plot(t,y2,'r--', linewidth = 3)
title('Oscilador harmonico amortecido')
xlabel('tempo(s)', fontsize = 15)
ylabel('y(m)', fontsize = 15)
```

```
legend(['f1', 'f2'])
axis([0,30, -8,8])
show()
```

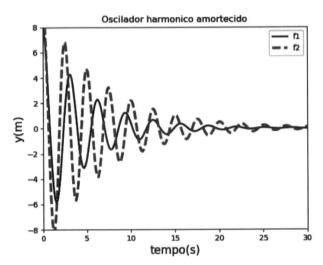

Figura 3.4 – Gráfico de duas funções no mesmo gráfico gerado pelo módulo matplotlib.

3.6.3 Formas de linhas e símbolos para gráficos com matplotlib

No gráfico anterior com o comando **plot**, utilizamos duas curvas, com diferentes cores e larguras. Vamos reescrever um dos comandos **plot** a seguir:

```
plot(t,y2,'b-', linewidth = 3)
```

Neste comando temos um vetor para t e outro vetor para y2, determinando o par **(t,y2)** para o gráfico. No terceiro termo definimos o tipo de linha do gráfico e o símbolo a ser utilizado. No caso específico, estamos definindo uma linha sólida (-) de cor azul (b). Na tabela 3.8 listamos todos os caracteres e os respectivos símbolos gerados pelo módulo **matplotlib** na geração de gráficos. Os tipos de linhas com os símbolos podem ser combinados ampliando a possibilidade de representação de diferentes curvas num mesmo gráfico.

Tabela 3.7 Estilo de linhas com matplotlib

Caracter	Tipo de linha
'-'	Sólida
'--'	Tracejada
':'	Pontilhada
'-.'	traço e ponto

Tabela 3.8: Tipos de símbolo em gráficos com matplotlib

Caracter	Símbolo
'o'	Círculo
'^'	Triângulo
's'	Quadrado
'+'	Soma
'x'	Vezes
'D'	Diamante
'd'	diamante fino
'v'	triângulo invertido

Além da mudança do estilo de linha e símbolos que você pode utilizar no gráfico você tem ainda a possibilidade de mudar a cor da linha do gráfico, conforme a Tabela 3.9.

Tabela 3.9: Cores de linhas com matplotlib

Caracter	Cor da linha
'b'	Azul
'c'	Ciano
'g'	Verde
'k'	Preto
'm'	Magenta
'r'	Vermelho
'y'	Amarelo
'w'	Branco

Exemplo: Considere a solução analítica de três osciladores harmônicos: subamortecido, superamortecido e com amortecimento crítico expressas respectivamente por:

$$f1 = 4e^{-0,2t}\ cos(1,2t + /6)$$

$$f2 = 4e^{-0,4t} + 2e^{-0,2t}$$

$$f3 = (2 + 2t)e^{-0,4t}$$

Utilizando o módulo **matplotlib** faça um gráfico dessas funções utilizando diferentes linhas e símbolos.

Solução: O programa **cap3_graf4.py** implementa estes gráficos utilizando os símbolos dados nas tabelas.

```
#cap3_graf4.py
'''Exemplo de grafico simples com matplotlib
importando todos os metodos
Programador: Elinei Santos
Data da ultima revisao: 26/12/2016'''
from matplotlib.pylab import *
from math import *
t = linspace(0,30,200)
y1 = zeros(len(t))
y2 = zeros(len(t))
y3 = zeros(len(t))
for i in xrange(len(t)):
    f1 = 4*exp(-0.1*t[i])*cos(1.2*t[i]+pi/6)
    f2 = 4*exp(-0.2*t[i])+2*exp(-0.2*t[i])
    f3 = (2.+3*t[i])*exp(-0.3*t[i])
    y1[i] = f1
    y2[i] = f2
    y3[i] = f3
plot(t,y1,'bo')
plot(t,y2,'r^')
```

Capítulo 3   O uso de estruturas de decisão e repetição – gravação em arquivo • **81**

```
plot(t,y3,'ms')
xlabel('tempo(s)', fontsize = 15)
ylabel('y(m)', fontsize = 15)
legend(['f1', 'f2', 'f3'],loc=1)
axis([0,30, -6,6])
show()
```

Na Figura 3.5 mostramos o gráfico com diferentes símbolos nas curvas. Neste programa colocamos na legenda o comando **loc =1**. Esse comando permite você indicar um dos quatro cantos do gráfico onde você deseja colocar a legenda. O canto superior direito é o valor default **loc = 1**. O canto superior da esquerda é o valor **loc = 2**. Os inferiores da esquerda e da direita são definidos por **loc = 3** e **loc = 4**, respectivamente. Na tabela abaixo estão os argumentos que podem ser colocados no comando **loc** para definir a posição desejada da legenda no gráfico.

Tabela 3.10 Especificação da localização da legenda

String	Inteiro
'melhor'	0
'direito superior'	1
'esquerdo superior'	2
'esquerda inferior'	3
'direita inferior'	4
'direita'	5
'esquerda centralizada'	6
'direita centralizada'	7
'centralizada inferior'	8
'centralizada superior'	9
'centro'	10

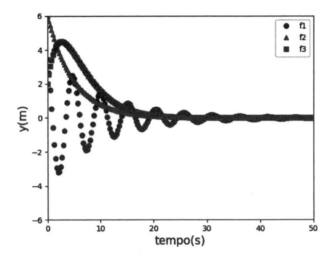

Figura 3.5 – Gráfico de três osciladores harmônicos amortecidos. Funções no mesmo gráfico gerado pelo módulo matplotlib com diferentes símbolos.

3.6.4 Alterando as propriedades da fonte nos gráficos

As características das fontes dos elementos de um gráfico como título, legendas e eixos podem ser customizadas a critério do programador. Propriedades como tamanho da fonte, tipo de fonte e cor podem ser alteradas. Por exemplo, se desejarmos fazer com que a fonte do eixo-x ('tempo(s)) num gráfico seja tamanho 15, em Times New Roman, na forma cursiva e de cor vermelha utilizamos o seguinte comando:

```
xlabel('tempo(s)', fontsize = 15, fontname = 'Times New Roman',
family = 'cursive', color ='red')
```

Na Tabela 3.11 colocamos todos os argumentos que podem ser utilizados para alteração das características das fontes.

Capítulo 3 O uso de estruturas de decisão e repetição – gravação em arquivo • **83**

Tabela 3.11: Argumentos que alteram as propriedades dos textos nos gráficos.

Argumento	Propriedades que altera
fontsize	Tamanho da fonte em pontos (ex: 10, 15, 18,...)
fontname	Nome da fonte (ex: 'Times New Roman', 'Courier', 'Arial',etc)
family	Família da fonte (ex: 'cursive', 'monospace', etc
fontweight	Intensidade da fonte (ex: 'bold', 'normal', etc)
fontstyle	Estilo da fonte (ex: 'normal', 'italic')
color	Cor da fonte (ex: 'blue', 'red', 'b', 'r', 'k', etc)

3.6.5 Gráficos com pontos individuais – função scatter

Em algumas aplicações você deseja apresentar gráficos com pontos individuais ou um conjunto de pontos. Você deseja ter controle das características dos pontos como cor e tamanho. Para desenhar um ponto individual Python fornece a função **scatter()**. Para isto você fornece as coordenadas **(x,y)**, a função **scatter(x,y)** onde o ponto deve ser desenhado. Vamos exemplificar o uso desta função utilizando novamente o mapa logístico. No entanto, não vamos gerar um arquivo e fazer o gráfico posteriormente. O gráfico será feito dinamicamente dentro do laço, desenhando cada ponto individualmente com a função **scatter()**.

O programa `mpl_mapalogistico.py` a seguir implementa a geração do diagrama de bifurcação desenhando os pontos para cada valor do parâmetro `m`. A geração de cada ponto com coordenada (`m, y`) é feita pelo comando: `plt.scatter(m,y, color='blue',` `s=0.2)`, onde a cor dos pontos é definido pelo comando: `color='blue'` e o argumento `s` define o tamanho dos pontos. O diagrama de bifurcação gerado com o comando scatter é mostrado na Figura 3.6. Utilizamos o comando: `plt.axis([1.0, 4.0, 0.,` `1.0])` para definir o intervalo para cada eixo, ou seja, o eixo `x` vai de 1.0 até 4.0 e o eixo `y` vai de 0 a 1.0.

```
#mpl_mapalogistico.py
'''Programa para gerar o diagrama de bifurcacao
do mapa logistico com a funcao scatter
Refe: Quantifying Chaos, Jan Tobochnick
```

```
and Harvey gould, Computers inPhysics, NOV/DEC 1989
Programador: Elinei Santos
Ultima revisao: 03/04/2017'''
import matplotlib.pyplot as plt
import math
from pylab import *
bmin = 1.0
bmax = 4.0
passo = 0.004
plt.title("Mapa Logistico", fontsize=24)
plt.xlabel("m", fontsize=14)
plt.ylabel("y", fontsize=14)
for m in arange(bmin, bmax, passo):
    y=0.5
    for i in range(30):
        y = m*y*(1.-y)
    for j in range(60):
        y = m*y*(1.-y)
        plt.scatter(m,y, color='blue', s=0.2)
plt.axis([1.0, 4.0, 0., 1.0])
plt.show()
```

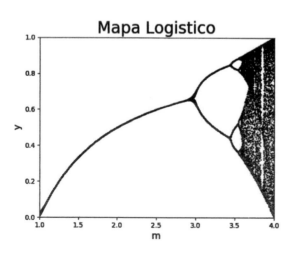

Figura 3.6 – Diagrama de bifurcação do mapa logístico. Diferentes comportamentos dinâmicos do sistema para diferentes valores do parâmetro m.

Capítulo 3   O uso de estruturas de decisão e repetição – gravação em arquivo • **85**

3.6.6 Figura com vários gráficos

Podemos gerar uma única figura com vários gráficos. Esses gráficos são dispostos na forma de matrizes com p linhas e q colunas. O comando subplot(p,q,c) é que permite separar a figura em várias partes, sendo c um contador de linhas. O programa mpl_logisticatraj.py implementa uma figura com quatro gráficos dispostos numa matriz 2x2. Cada figura representa um comportamento da série temporal do mapa logístico para um determinado valor do parâmetro m do sistema dinâmico. Assim, a primeira figura deve ser colocada na janela definida por subplot(2,2,1) que indica que o gráfico é composto de um sistema de gráficos 2x2, sendo que o número 1 indica que o primeiro gráfico é na janela número 1. O último gráfico será colocado na janela definida por subplot(2,2,4), onde o número 4 indica a quarta e última janela. Estes gráficos são mostrados na Figura 3.7.

```
#mpl_logisticatraj.py
'''programa para gerar uma figura com varios graficos
Programador: Elinei Santos
Data da ultima revisao: 30/12/2016'''
from pylab import *
import math
ys = []
subplot(2,2,1)
m = 3.1
y=0.5
for j in range(40):
    y= m*y*(1.-y)
    if (j> 2): ys.append(y)
plot(ys,'b',linewidth=2)
axis([0., 16.,0., 1.2])
legend('a')

ys = []
subplot(2,2,2)
m = 3.5
```

86 • Introdução à Programação Numérica em Python

```python
y=0.5
for j in range(40):
    y  =  m*y*(1.-y)
    if  (j>  2): ys.append(y)
plot(ys,'r',linewidth=2)
axis([0.,  16.,0.,  1.2])
legend('b')

ys = []
subplot(2,2,3)
m = 3.56
y=0.5
for j in range(40):
    y  =  m*y*(1.-y)
    if  (j>  2):  ys.append(y)
plot(ys,'y',linewidth=2)
axis([0.,  16.,0.,  1.2])
legend('c')

ys  = []
subplot(2,2,4)
m = 3.8
y=0.5
for j in range(40):
    y  =  m*y*(1.-y)
    if  (j>  2):  ys.append(y)
plot(ys,'g',linewidth=2)
axis([0.,  16.,0.,  1.2])
legend('d')
show()
```

Na Figura 3.7 mostramos o resultado do programa onde temos uma única figura com várias curvas.

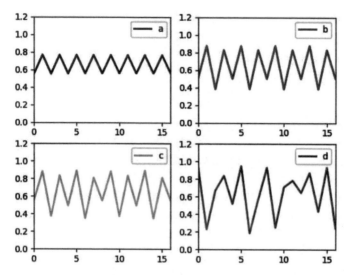

Figura 3.7 – Diferentes órbitas do mapa logístico para diferentes valores de m. a) m = 3,1 b) m = 3,5; c) m = 3,56; d) m = 3,8.

3.6.7 Figuras em 3D

Se você deseja obter gráficos em 3D utilize o módulo mplot3d. No exemplo a seguir vamos fazer o gráfico em 3D da função potencial que representa duas cargas, uma positiva colocada na posição (-3,0,0) e outra negativa na posição (3,0,0). O potencial é calculado num ponto arbitrário P(x,y,2).

$$F = \frac{4}{\sqrt{(x+3)^2 + y^2 + 2}} - \frac{4}{\sqrt{(x-3)^2 + y^2 + 2}}$$

O programa graf_3d.py implementa a visualização em 3D desta equação.

```
#graf_3D.py
'''Programa para visualizar uma função
em 3D
Programador: Elinei Santos'''
from mpl_toolkits.mplot3d import axes3d
import matplotlib.pyplot as plt
```

```
import numpy as np
fig = plt.figure()
ax = fig.add_subplot(111, projection='3d')
x = np.linspace(-8, 8, 200)
y = np.linspace(-8, 8, 200)
x, y = np.meshgrid(x,y)
z = 4./np.sqrt((x+3)**2+y**2+2)-4/np.sqrt((x-3)**2+y**2+2)
ax.plot_wireframe(x,y,z,color='b', rstride =5, cstride =5)
ax.set_xlabel('X')
ax.set_ylabel('Y')
ax.set_zlabel('Z')
plt.show()
```

O gráfico gerado é mostrado na Figura 3.8.

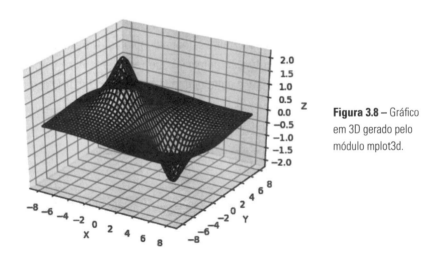

Figura 3.8 – Gráfico em 3D gerado pelo módulo mplot3d.

Quando o gráfico é gerado o mesmo é interativo de tal forma que se você pressionar o mouse (clicar e arrastar) você pode obter diferentes ângulos de visão do gráfico e assim salvar a perspectiva que lhe é adequada.

3.6.8 Gravando figuras em vários formatos

Todas as figuras geradas anteriormente podem ter o formato definido dentro do programa ao invés de defini-lo quando a figura é gerada. A função **savefig** salva os gráficos gerados em vários tipos de formatos de imagens:

```
savefig('exemplo.pdf') #salva no formato em PDF
savefig('exemplo.png') #salva no formato em PNG
savefig('exemplo.eps') #salva no formato EPS
```

O função **savefig** deve vir antes da função show(). Por exemplo, o programa cap3_salvafig.py a seguir gera uma figura de Lyssajous e salva no formato PDF. Esse resultado é mostrado na Figura 3.9.

```
#cap3_salvafig.py
'''Programa para salvar figura com determinada extensão
Data da ultima revisão: 21/06/2017'''
import pylab
n = 1000
theta = pylab.linspace(0, 2.*pylab.pi, n)
x = pylab.cos(3.*theta)
y = pylab.sin(5.*theta)
pylab.plot(x,y,'r')
pylab.xlabel('x',fontsize=15)
pylab.ylabel('y',fontsize=15)
pylab.savefig('figexemplo.pdf')
pylab.show()
```

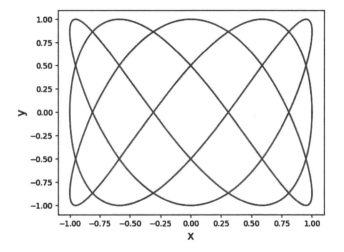

Figura 3.9 – Figura de Lyssajous gravada no formato PDF.

3.6.9 Gráfico em coordenadas polar

Podemos produzir gráficos em coordenadas polar com coordenadas (r, θ). Para isso utilizamos: **pylab.polar(ângulo, raio).** Ou seja, são passados os argumentos para a função polar: ângulo e o raio.

Exemplo: Faça o gráfico em coordenadas polar da função: $r = a\sqrt{2|\cos(2\theta)|}$. O procedimento em Python é escrito a seguir. O gráfico em coordenadas polar é mostrado na Figura 3.10.

```
#grafico_polar.py
import pylab
theta = pylab.linspace(0,2*pylab.pi,1000)
a = 2.0
r = a*pylab.sqrt(2.*abs(pylab.cos(2.*theta)))
pylab.polar(theta,r,'b')
pylab.savefig('cap3_fig10.png')
pylab.show()
```

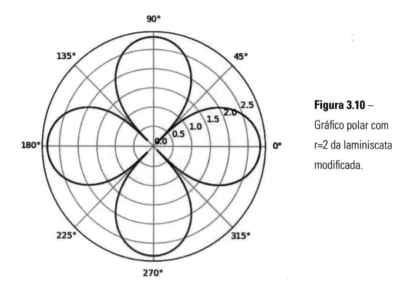

Figura 3.10 – Gráfico polar com r=2 da laminiscata modificada.

3.7 Comando de repetição while

Problema: Considere a necessidade de um pesquisador para calcular a média e o desvio padrão de um número N de medidas experimentais. Estas medidas estão armazenadas num arquivo de dados no disco do pesquisador. Vamos supor que este arquivo de dados tenha o nome dado.txt, já existe pré-gravado no ato da experiência. Queremos implementar um programa computacional em Python que leia este arquivo de dados e determine a média e o desvio padrão, apresentando o resultado no monitor. O desvio padrão é calculado pela fórmula:

$$\text{dpadrao} = \sqrt{\frac{\sum_{i=1}^{N}(y_i - \overline{y})^2}{N-1}}$$

Onde y_i é o valore individual medido, $\overline{y}$ é a média aritmética dos valores e N é o número total de dados.

Um algoritmo básico para a resolução deste problema pode ser assim colocado:

1. Abrir o arquivo dados.dat para leitura.
2. Ler individualmente os valores armazenados no arquivo dados.dat e calcular a soma destes valores.

3. Determinar a média aritmética dos valores:

$$\overline{y} = \frac{\sum_{i=1}^{N} y_i}{N}$$

4. Ler novamente o arquivo dados.dat para determinar a soma do quadrado da diferença dos valores individuais da média.

$$difquad = \sum_{i=1}^{N} \left(y_i - \overline{y} \right)^2$$

5. Calcular o desvio padrão:

$$dpadrao = \sqrt{\frac{\sum_{i=1}^{N} \left(y_i - \overline{y} \right)^2}{N-1}}$$

6. Imprimir a média e o desvio padrão.
7. Fechar o arquivo.
8. Fim.

Este algoritmo é implementado em Python, conforme a listagem mostrada a seguir.

```python
#estatistica.py
'''programa para calcular a media e o desvio padrao
de um numero de medidas experimentais gravado no arquivo dado.txt
Programador: Elinei Santos
Data da ultima revisao: 22/11/18'''
from math import sqrt
import sys
try:
    dataset = open('dado.txt','r')
    print("Arquivo aberto!!")
except IOError:
    print('arquivo nao existe no diretorio atual \n')
```

Capítulo 3   O uso de estruturas de decisão e repetição – gravação em arquivo   •   **93**

```
    sys.exit(1)
cont = 0.
soma = 0.0
line = dataset.readline()
while line:
    soma += float(line)
    cont +=1
    line = dataset.readline()
media = soma/cont
cont = 0
difquad =0
dataset.seek(0,0) #retorna para o inicio do arquivo
line = dataset.readline()
while line:
    difquad += (float(line)-media)**2
    cont +=1
    line = dataset.readline()
dpadrao = sqrt((difquad)/(cont-1.))
dataset.close()
print('A media e = %.2f\n' % media)
print('O desvio padrao e = %.2f\n' %dpadrao)
```

Inicialmente, implementamos a abertura do arquivo, como já explicamos anteriormente. A diferença é que agora abrimos um arquivo já existente, no caso o arquivo denominado **dados.txt**. Como necessitamos da leitura do arquivo do tipo texto, utilizamos o **modo = 'r'**, que indica leitura de arquivo. Continuamos fazendo o teste para verificar desta vez se o arquivo de dados foi aberto normalmente. Reproduzimos a seguir o trecho de programa que executa este procedimento.

```
try:
    dataset = open('dado.txt','r')
    print("Arquivo aberto!!")
except IOError:
```

```
print('arquivo nao existe no diretorio atual \n')
sys.exit(1)
```

No momento, como ainda não tratamos de vetores e matrizes, queremos ler paulatinamente os valores individuais dos dados e fazendo a soma dos mesmos para o cálculo da média. Queremos ir lendo os valores até o fim do arquivo, como não sabemos quantos valores temos no arquivo, criamos uma variável inteira `cont` que registra o número de valores lidos. A solução para lermos os dados individuais do arquivo `dados.txt` até chegarmos ao fim é utilizando o comando de repetição `while`.

A sintaxe do laço `while` é:

```
while teste:
    comando1
    comando2
        ...
```

O laço avalia a condição de `teste`, se a mesma for verdadeira as instruções do laço são executadas, se a condição for falsa (zero), o laço termina e o programa vai para primeira instrução ou comando após o laço. O laço é composto pelo comando `while` e todas as instruções indentadas abaixo dele.

O laço `while` é aconselhável no caso em que não se conhece a priori os números de iterações a serem efetuados, no nosso caso não sabemos quantos valores de dados foram armazenados pelo experimentador e, ao mesmo tempo, queremos deixar o programa mais geral possível para estar preparado para ler qualquer número de dados.

- No caso de conhecermos o número antecipado de iterações é mais aconselhável usar o laço `for`.

Resolvemos nosso problema utilizando o laço `while`. A função que lê dados do arquivo é a função `readline()`. Nossa solução computacional em Python é traduzida assim: enquanto `dataset.readline()` é diferente de `string vazia: ' '` (significando que está lendo valores do arquivo), ou seja, não chegamos ao fim do arquivo, leia individualmente as linhas do arquivo de dados e coloque na variável `line`. Antes de somar esses valores lidos, fazemos a conversão explícita dos `strings`

Capítulo 3 O uso de estruturas de decisão e repetição – gravação em arquivo • **95**

lidos para valor real (em ponto flutuante) utilizando a função `float(line)`. Estes valores são somados e a variável `cont` armazena o número de dados lidos. Em seguida, após a soma de todos os dados, calculamos a média. O trecho do programa é reescrito novamente a seguir:

```
line = dataset.readline()
while line:
        soma += float(line)
        cont +=1
        line = dataset.readline()
media = soma/cont
```

3.7.1 Reposicionando a leitura de arquivos – função seek()

Note também que lançamos mão de uma nova função – a função `seek`, que tem por objetivo deslocar a posição atual do arquivo. Uma vez que fomos percorrendo o arquivo até chegar à situação de fim de arquivo, o Python não retorna automaticamente ao início de arquivo, permanece na última posição. Como necessitamos novamente ler os valores do arquivo desde o início para calcularmos a diferença dos valores da média, temos que reposicionar a leitura para o início do arquivo, o que pode ser feito com a função `seek(arquivo, 0,0)`.

- dataset.seek(0,0) - reposiciona a leitura do arquivo da posição atual para o início do arquivo (dataset é o nome de nosso arquivo).

A função `seek()` muda a posição de leitura de um arquivo, sua sintaxe é:

```
arquivo.seek(deslocamento, de_onde)
```

onde a nova posição é determinada pela soma do deslocamento em relação ao ponto de referência fornecido pelo valor `de_onde`, conforme os valores fornecidos na Tabela 3.10.

Tabela 3.10: Referência de posição em arquivo em Python

de_onde	determina
1	Posição atual
2	Fim do arquivo
0	Valor default

3.7.2 A função de números aleatórios - rand

A simulação de fenômenos termodinâmicos, assim como efeito Browniano, decaimento radioativo e movimentos estocásticos, fenômenos estes que possuem uma certa aleatoriedade, necessitam de um mecanismo computacional ou uma função que gere números aleatórios. De fato, o algoritmo para gerar um número que seja realmente aleatório é algo complicado e tema de pesquisa em Matemática computacional. Assim, o que se faz é ter uma função mais simples e que gere um **pseudo-número** aleatório, gerado por algoritmos numéricos. Uma função que gerasse uma sequência de números verdadeiramente aleatórios n_1, n_2, ... teria que gerar esta sequência de números sem qualquer correlação entre si. Mesmo os melhores algoritmos computacionais, que supostamente, gerariam números aleatórios ideais, se analisarmos com cuidado podemos encontrar certa correlação entre os números gerados. Vamos considerar que nossa função, para os nossos propósitos, gera números aleatórios adequados para solucionar nossos problemas numéricos e cálculos, como o uso na técnica de integração de Monte Carlo que veremos posteriormente.

Em Python a função que gera números aleatórios inteiros é a função `randint(a,b)`, definida na biblioteca ou módulo **import random**. A chamada a esta função gera um número aleatório inteiro no intervalo entre $0 \leq \mathbf{a} \leq \mathbf{b}$, incluindo os valores extremos **a** e **b**.

Na Tabela 3.11 listamos os recursos do módulo **random**.

Capítulo 3   O uso de estruturas de decisão e repetição – gravação em arquivo   •   **97**

Tabela 3.11: Funções do módulo random

Funções	Descrição
seed	Semente ao gerador de números aleatórios
randint(a,b)	Retorna um inteiro aleatório entre dois valores a e b
randrange(a,b)	Retorna um número aleatório entre os valores a e b
choice	Seleciona um elemento aleatório em uma coleção
random	Retorna um número de ponto flutuante entre 0 e 1

Exemplo: Elabore um programa que gere um número secreto aleatório entre 1 e 20 e peça para o usuário adivinhar este número. O programa também deve imprimir uma mensagem avisando se o palpite do usuário é menor ou maior que o número secreto e no final imprimir quantas tentativas foram necessárias para adivinhar o número.

Solução: O programa adv_numero.py a seguir é uma solução para o problema.

```
#adv_numero.py
'''programa que gera um numero aleatório e pede ao usuário que
advinhe o número e determina em quantas tentativas conseguiu.
Programador: Elinei Santos
Ultima revisão: 23/10/2016'''
import random #importa o modulo random para gerar números aleatórios
ch = 's'
while(ch == 's'):
    secreto = random.randint(1,20) #gera um nu´mero aleat´orio
entre 1 e 20
    resp=int(input("Entre com um numero entre 1 e 20: \n"))
    tentativas =1
    while(resp != secreto):
        if(resp > secreto):
            print("%d e incorreto e maior. Tente novamente\n" %
resp)
            tentativas += 1
        if(resp < secreto):
```

98 • Introdução à Programação Numérica em Python

```
            print("%d e incorreto e menor. Tente novamente\n" %
resp)
            tentativas += 1
        resp=int(input("Entre com um numero entre 1 e 20\n"))
    print("%d e correto!!\n" % resp)
    print("Voce acertou em %d tentativas\n" % tentativas)
    ch = input("Voce quer jogar novamente? (s/n)\n").lower()
print("Ate logo....!!!")
```

No programa adv_numero.py listado anteriormente, depois dos comentários iniciamos a importação do módulo **random**. Definimos a seguir uma variável **ch** com a **string 's'**. Esta variável será utilizada na sequência no laço **while** para nosso jogo de adivinhação. Enquanto **ch** for igual a **'s'** o usuário continuará jogando, pois, este será o resultado verdadeiro para o teste.

Dentro deste laço criamos uma variável denominada: **secreto** que receberá um número inteiro aleatório que será gerado pela função: **radint(1,20)** (ou seja, gera um número aleatório entre 1 e 20). É solicitado ao usuário que entre com um número inteiro entre 1 e 20 e este valor inteiro é atribuído à variável **resp**. A variável **tentativa** guarda o valor de quantas vezes o usuário entrará com o palpite do número.

O próximo laço **while** faz a verificação se a resposta do usuário é ou não igual ao número secreto gerado aleatoriamente. Dentro do laço criamos duas estruturas de decisão com o comando **if** para auxiliar o usuário no seu palpite. Se a resposta for menor que o valor do número secreto é emitida uma mensagem que o número é incorreto e que é maior que o número secreto. A outra estrutura **if** analisa o caso se a resposta do usuário é menor do que o número secreto. Se isto for verdade, então, imprime a mensagem que o palpite é menor que o valor secreto.

Note que em todas as opções a variável tentativa é acrescentada de 1. A seguir é solicitado ao usuário que entre com um novo número. Este laço interno será executado até que a resposta do usuário seja igual ao número secreto. Uma vez satisfeita a condição de igualdade em que o palpite do usuário é igual ao número secreto é impressa a mensagem que o número é correto e quantas tentativas foram necessárias para que

Capítulo 3   O uso de estruturas de decisão e repetição – gravação em arquivo   • **99**

o usuário adivinhasse o número.

A seguir a variável **string 'ch'** recebe a resposta 's' (sim) ou 'n' (não) para a pergunta feita ao usuário se quer jogar novamente. Perceba a indentação para cada comando **while**. O laço externo é responsável pela continuidade ou não do jogo. O laço interno é responsável por contar as tentativas do usuário e verificar quando o mesmo acerta o valor do número secreto.

Dando continuidade aos nossos exemplos, no programa `adv_letra.py` apresentamos um novo exemplo de jogo de adivinhação. Neste caso, o computador, a partir do módulo **random** gera uma letra minúscula aleatória do alfabeto entre a e z. É solicitado ao usuário que entre com um palpite para adivinhar a letra secreta. São contadas as tentativas necessárias para adivinhar a letra. A estrutura dos laços **while** são semelhantes ao utilizado para o programa de adivinhar o número, já explicado anteriormente. Vamos tratar apenas das particularidades inerentes às funções que manipulam **strings**. Vamos analisar a seguinte linha do programa:

```
secreto = chr(random.randint(0,25)+ord( 'a')) #gera uma letra
aleatoria do alfabeto
```

Para criarmos a letra aleatória guardada na variável secreta, utilizamos a função `randint(0,25)`. Assim, geramos um número aleatório entre 0 e 25 e somamos ao valor ASCII numérico da letra 'a'. A função Python que transforma um caractere em seu valor ASCII numérico é a `ord()`. Por exemplo: `ord('A')` resulta 65 e `ord('Z')` resulta 90, este é o intervalo na tabela ASCII para as letras maiúsculas entre A e Z. Para letras minúsculas o intervalo é de 97 a 122. Uma vez que obtemos o valor numérico de a, 97, ao gerarmos um número aleatório entre 0 e 25 cobrimos todos os valores aleatoriamente entre 97 e 122, inclusive (ou seja, incluindo os números 97 e 122).

```
#adv_letra.py
'''programa que gera uma letra do alfabeto aleatoriamente e
pede para o usuario adivinhar a letra.
Programador: Elinei Santos
Ultima revisao: 23/10/2016'''
```

```
import random #importa a funcao random para gerar numeros aleatorios
ch = 's'
while(ch == 's'):
    secreto = chr(random.randint(0,25)+ord( 'a')) #gera uma letra
aleatoria do alfabeto
    resp=input("Entre com uma letra entre a e z\n").lower()
    tentativas =1
    while(resp != secreto):
        print("%s e incorreto. Tente novamente\n" % resp)
        tentativas =tentativas +1
        resp=input("Entre com uma letra entre a e z\n").lower()
    print("%s e correto!!\n" % resp)
    print("Voce acertou em %d tentativas\n" % tentativas)
    ch = input("Voce quer jorgar novamente? (s/n)\n").lower()
print("Ate logo....!!!")
```

Embora nosso objetivo principal seja programação numérica e simulação e, dessa forma, não utilizamos todo o potencial que a linguagem Python possa oferecer, vamos inserir alguns comandos ou funções não utilizados por nós, mas, que estão disponíveis e podem ser úteis para outros tipos de programas, como funções que lidam com **string**.

3.7.3 Métodos básicos para lidar com strings

Em Python, todo conjunto de caracteres que estiver entre aspas simples ou duplas é considerado uma **string**. Considere o conjunto de código a seguir. Criamos uma variável nome que recebe um conjunto de **string** entre aspas simples com meu nome: 'elinei santos'. A seguir utilizamos a instrução print e dentro desta a variável nome o método: **title()**.

Um método é uma ação que Python deve executar em uma variável ou dado. O operador ponto (.) indica que o método **title()** deve atuar na variável **nome**. Todo método vem acompanhado de um conjunto de parênteses, que pode conter, ou não, dados adicionais para a sua execução. No nosso caso o método **title()** não precisa de nenhum dado para sua execução. Sua execução faz com que cada letra do início de uma palavra

Capítulo 3 O uso de estruturas de decisão e repetição – gravação em arquivo • **101**

converta-se em maiúscula. Como a variável nome estava toda em minúscula, o método transformou em nome próprio, ou seja, cada palavra do nome iniciando com letras maiúsculas: Elinei Santos.

Exemplo: Função **title().**

```
>>> nome = 'elinei santos'
>>> print (nome.title())
Elinei Santos
```

Na Tabela 3.12 resumimos a maioria dos métodos para trabalhar com **strings**. Os métodos que não possuem nada entre parênteses executam suas funções através do operador ponto, como no exemplo do método **title()**.

Tabela 3.12: Métodos para lidar com strings

Método	Descrição
title()	Exibe cada palavra com uma letra maiúscula no início
upper()	Exibe toda a string em letra maiúscula
lower()	Exibe toda a string em letra minúscula
ord('caractere')	Transforma o caractere em valor ASCII
chr(número)	Transforma o valor numérico no caractere correspondente
rstrip()	Remove espaços em branco à direita da string
lstrip()	Remove espaços em branco à esquerda da string
len(string)	Devolve o número de caracteres em uma string
isupper()	Verifica se um único caractere é uma letra maiúscula Ex: 'A'.isupper( ) True
islower()	Verifica se um caractere é uma letra minúscula Ex: 'P'.islower( ) False

Exercício: Implemente um programa utilizando o laço **while** que solicite a temperatura em graus Fahrenheit e converta para graus Celsius. O programa deve continuar a fazer a conversão até que o usuário tecle n para sair do programa.

Solução: A seguir temos a solução do problema.

```
#escalas_while.py
'''Programa para conversao de temperatura com laco while
Programador: Guilherme Santos
Data da ultima revisao: 26/12/2016'''
s = 'S'
print('Converte temperatura em Fahrenheit para Celsius\n')
while s != 'N':
    f = eval(input('Insira a temperatura em Fahrenheit para a
conversao: '))
    c = 5*(f-32.)/9
    print("%5.2f Fahrenheit equivale a %5.2f Celsius" %(f,c))
    s = input("Para continuar clique qualquer tecla, para encerrar
clique n: ")
    s = s.upper() #converte toda string de entrada em maiuscula
```

Exercício: A partir do programa **biflogi.py** implemente um novo programa para gerar o diagrama de bifurcação da função logística modificada:

$$x_{n+1} = \frac{mx_n}{\left(1+x_n\right)^\beta}$$

O programa deve solicitar ao usuário o valor de m_{min} e m_{max}, ou seja, o intervalo que o parâmetro **m** varia e também o valor do parâmetro β, de tal forma a permitir que o usuário faça amplificações do gráfico de bifurcação. Na Figura 3.11 mostramos o resultado que você deve obter para o intervalo $0 \leq m \leq 100$. Modifique o programa mpllogisticomod.py, listado a seguir, para fazer ampliações do gráfico começando com a ampliação para o intervalo $60 \leq m \leq 100$.

Capítulo 3   O uso de estruturas de decisão e repetição – gravação em arquivo   •   **103**

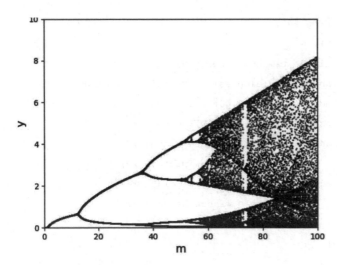

Figura 3.11 –
Diagrama de bifurcação do mapa logístico modificado. Valores utilizados: transiente = 40 e N = 40 (para cada valor de m) o valor de β = 5.0. Diferentes comportamentos dinâmicos do sistema para diferentes valores do parâmetro m.

3.7.4 Módulo turtle e janelas (canvas)

Exemplo: Vamos novamente utilizar o módulo **turtle** e utilizar o módulo **random** para gerar um conjunto de espirais retangulares no monitor. Este exemplo também nos permitirá entender o sistema de coordenadas que Python utiliza para projetar figuras e gráficos com o módulo **turtle** na tela. O programa **EspiraisAleatorias.py** é listado a seguir.

```
#EspiraisAleatorias.py:
'''Programa que utiliza o modulo Turtle para gerar
Espirais retangulares aleatorias na tela (diferentes tamanhos e
cores)
Referencia: Do livro Ensine seus filhos a programar: um guia
amigavel aos pais
para a programacao em Python
Autor Bryson Payne, Editora novatec, 2015'''
import random
import turtle
t = turtle.Pen()
turtle.bgcolor("black")
cores = ["red", "yellow", "blue", "green", "orange", "purple",
```

```
            "white", "gray"]
for n in range(50):
    # Gera espirais de tamanho e cores aleatorios
    t.pencolor(random.choice(cores)) # Seleciona uma cor aleatoria
    tamanho = random.randint(10,40) # Tamanho da espiral aleatorio
    # Gera uma posicao aleatoria (x,y) no monitor
    x = random.randrange(-turtle.window_width()//2,
                         turtle.window_width()//2)
    y = random.randrange(-turtle.window_height()//2,
                         turtle.window_height()//2)
    t.penup()
    t.setpos(x,y)
    t.pendown()
    for m in range(tamanho):
        t.forward(m*2)
        t.left(91)
turtle.mainloop()
```

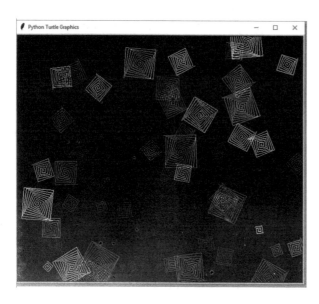

Figura 3.12 – Espirais aleatórias geradas com o módulo turtle. O gráfico colorido foi colocado em tons de cinza para adaptar ao padrão do livro. O leitor utilizando o programa descrito obterá as espirais coloridas.

Capítulo 3 O uso de estruturas de decisão e repetição – gravação em arquivo • **105**

Inicialmente importamos os dois módulos: **random** para gerar números aleatórios e **turtle** que permite utilizar a tartaruga (ou pena) para gerar desenhos. O comando, `t=turtle.Pen()`, cria um objeto `t` que passa a representar a caneta (pen) da tartaruga. O comando `turtle.bgcolor("black")` muda a cor de fundo para preto, apenas para destacar melhor as cores das espirais.

A seguir criamos uma lista (cores) com oito cores. Um laço **for** com 50 repetições, que gerará 50 espirais aleatórias. Na `sequência t.pencolor(random.choice(cores))` utilizamos a **pencolor** para definir uma cor para a pena. Esta cor é gerada aleatoriamente pela função **random.choice(cores)** do método **random**, ou seja, a função escolhe uma cor aleatória da lista de cores.

Na variável tamanho guardamos o tamanho da espiral, que é um número inteiro gerado aleatoriamente entre 10 e 40: `tamanho=random.randint(10,40)`. A seguir devemos gerar as posições aleatórias no monitor, para isso devemos entender a estrutura das posições no monitor gerenciado por Python.

A tela ou janela (também conhecida como canvas) é como um sistema de coordenadas cartesianas cujo centro da tela é também centro do sistema de coordenadas (0,0). A unidade neste sistema de coordenadas é o **pixel** (aproximadamente 0,3mm). Dessa forma, quando escrevemos `turtle.setpos(20,30)` estamos movendo a pena 20 pixels para direita e 30 pixels para cima a partir do centro da tela (0,0).

Sabemos como posicionar a pena, no entanto, precisamos assegurar que esta posição esteja na janela visível, nem acima, nem abaixo ou à esquerda ou à direita. Resolvemos isto matematicamente. Se soubermos as dimensões da largura da tela, dividimos estas dimensões pela metade e fazemos com que qualquer par de coordenadas (x,y) esteja dentro deste intervalo.

- Para determinar a largura da janela (canvas) usamos o método: `turtle.window_width()`

- Para determinar a altura da janela (canvas) usamos o método: `turtle.window_height`

Assim, a coordenada x deve ser posicionada entre o intervalo: `-turtle.window_width()//2` e `turtle.window_width()//2` e a coordenada y deve estar posicionada entre o intervalo `-turtle.window_height()//2` e `turtle.window_height()//2`. Utiliza-se o operador `//` (divisão inteira) para que sempre gere um número inteiro, pois, uma janela pode ter largura ou altura em pixels de dimensão ímpar. Uma vez que desejamos pares ordenados (x,y) aleatórios para desenhar cada espiral, basta utilizar o módulo **random** com `randrange(a,b)` que gera um número aleatório entre a e b, sendo a parte negativa da largura e altura do canvas reproduzida a seguir:

```
# Gera uma posicao aleatoria (x,y) no monitor
    x = random.randrange(-turtle.window_width()//2,
                         turtle.window_width()//2)
    y = random.randrange(-turtle.window_height()//2,
                         turtle.window_height()//2)
```

Na sequência, t.penup() levanta a pena para não ir riscando a tela até a nova posição aleatória t.setpos(x,y). Nesta posição a pena é baixada para desenhar (t.pendown()). O laço for é o responsável por desenhar a espiral. O gráfico obtido é mostrado na Figura 3.12.

3.8 Simulação: Objetos Fractais

Na natureza existem inúmeros objetos que quando observados em detalhes apresentam a característica de ser autossimilar, ou seja, sua estrutura macro se repete em níveis de menor escala. São exemplos desses objetos: nuvens, samambais, flocos de neve, florestas, flores, rochas, montanhas, galáxias, artérias do corpo, etc. A estes objetos dá-se a denominação de *fractais*. Segundo Fisher, objetos fractais apresentam as seguintes características: *fractais têm detalhes em todas as escalas, apresentam autossimilaridade, possuem dimensões fracionadas, podem ser descritos por algoritmos matemáticos.*

Bernoit Mandelbrot, um matemático da IBM, foi o primeiro a estudar estes objetos com o uso de um computador IBM e foi quem os denominou de fractais no seu livro: *The fractal Geometry of Nature (1960). Como estes objetos são autossimilares em todas as escalas eles podem ser construídos via um algoritmo, assim o computador é uma ferramenta essencial para o estudo e visualização destes objetos.*

Para objetos euclidianos sabemos que as dimensões são simples de definir. Um ponto tem dimensão nula; uma reta tem dimensão 1, uma superfície com um quadrado tem dimensão 2 e um cubo tem dimensão 3. Porém, como determinarmos a dimensão de nossas artérias ou da costa brasileira ou mesmo do contorno de uma árvore? Estes objetos têm dimensões fracionárias, alguns entre a reta e o plano, outros entre o plano e o espaço 3-D.

3.8.1 Algoritmo para gerar fractais

Os objetos fractais são gerados no computador usando transformações matemáticas que preservam autossemelhança estatística, ou seja, os objetos não são cópias autênticas de si mesmos, mas, possuem autossemelhança aproximada em diferentes escalas. Assim, a característica importante de objetos fractais é sua invariância sob uma mudança de escala. Um conjunto de transformações que tem essa característica é a transformação afim. Uma transformação afim é definida pelo conjunto de transformações: $f: R^n$ à R^n que pode ser escrita como:

$$f(x) = Ax + b$$

Onde $A = (a_{ij})^n_{ij=1}$ é uma matriz n x n em R^n, chamada matriz de deformação de f, e b é um vetor $b = (b_j)^n_j$ em R^n, chamado vetor de translação.

No caso bi-dimensional, n = 2, a matriz de deformação pode ser decomposta nas seguintes formas: *ampliação, contração, cisalhamento, rotação.*

1. Ampliação:

$$A = \begin{pmatrix} s & 0 \\ 0 & s \end{pmatrix}, s \geq 0;$$

2. Contração:

$$A = \begin{pmatrix} 1 & 0 \\ 0 & t \end{pmatrix};$$

3. Cisalhamento:

$$A = \begin{pmatrix} 1 & u \\ 0 & 1 \end{pmatrix};$$

4. Rotação:

$$A = \begin{pmatrix} \cos\theta & -sen\theta \\ sen\theta & \cos\theta \end{pmatrix}, \ 0 \le \theta \le 2\pi.$$

3.8.2 O algoritmo IFT – Iterated Functions System – Sistema de Funções Interativas

Considere o espaço vetorial R^n munido de uma métrica translacional **d**. Uma IFT (**Iterated Functions System**) neste espaço é um conjunto finito de transformações afins contraentes **W = {w$_1$, w$_2$, w$_3$, ..., w$_m$}**. O fator de contração s é definido pelo máximo do fator de contração das transformações: **s = max {||w$_1$||, ||w$_2$||, ..., ||w$_m$||}**.

3.8.3 Teorema de decodificação IFS

Seja **W = {w$_1$, w$_2$, w$_3$, ..., w$_m$}** um sistema de função iterativa (IFS) com fator contração **s**. Então sua transformação associada W: H^n à H^n é um mapeamento contraente no espaço H^n com uma métrica de Hausdoff correspondente com o mesmo fator de contração. Isto é,

$$d\,(WB,\ WC) \le d\,(B,\ C)$$

para todo B,C ε H(R^n).

Dessa forma, W tem um único ponto fixo A ε H(R^n), um subconjunto compacto que obedece:

$$A = W(A) = \bigcup_{k=1}^{m} w_k(A)$$

Este subconjunto A descrito anteriormente é chamado o **atrator**, ou **fractal determinístico** do IFS W = **W = {w$_1$, w$_2$, w$_3$, ..., w$_m$}.**

As definições e teoremas vistos serviram para Barnley criar o teorema que lhe permitiu explorar o mundo dos fractais, desenvolvendo uma empresa para gerar figuras, filmes, paisagens, compressão de dados com geometria fractal. Este teorema é chamado de **Teorema da Colagem**, que diz:

Começando com qualquer figura, não necessariamente um fractal matemático, e usando somente cópias reduzidas do original, sob as quais aplicamos transformações afins (reduções, translações, rotações), podemos reproduzir a figura original como uma colagem destas cópias menores.

3.8.4 O algoritmo IFS

Computacionalmente geramos fractais como IFS sobre R^n a partir de um processo de probabilidade.

Seja W = {w$_1$, w$_2$, ..., w$_m$} um sistema de função iterativa (IFS) como fator de contração e junto com números positivos p$_1$, p$_2$, ..., p$_n$ (tratados como probabilidades), cuja a soma deve ser 1, $\sum_1^n p_1 = 1$. Dado uma IFS, obtemos uma órbita (ou atrator) como explicitamos a seguir. Começamos com um ponto em R$_n$ e escolhemos um mapa discreto do sistema com o qual nós iteramos o ponto. O mapa é escolhido aleatoriamente de acordo com probabilidades específicas dadas à priori, ou seja, o mapa w$_i$ é escolhido com probabilidade p$_i$. Usa-se o mapa escolhido aleatoriamente para iterar o ponto e o processo se repete. Para uma escolha adequada de mapas w$_i$, no geral transformações afins, a IFS gerará um fractal.

A regra é então aplicar transformações aleatórias para a convergência do atrator.

Exemplo: Tapete de Sierspinski.

Vamos aplicar o algoritmo de IFS para gerar o fractal conhecido como tapete de Sierspinski. O algoritmo computacional é mostrado a seguir:

1. Desenhe um triângulo equilátero com coordenadas:
vértice 1: (a_1, b_1),
vértice 2: (a_2, b_2),
vértice 3: (a_3, b_3).

2. Coloque um ponto inicial arbitrário P(x0, y0) dentro do triângulo,

3. Gere um número aleatório (num) entre 0 e 1,
  i) Se 0 < num < 0.333, coloque um ponto a meio caminho entre P e o vértice 1,
  ii) Se 0.333 < num < 0.666, coloque um ponto a meio caminho entre P e o vértice 2,
  iii) Se 0.666 < num < 1.0, coloque um ponto a meio caminho entre P e o vértice 3.

4. Mantenha o processo, usando o último ponto como novo ponto P.

Matematicamente, as coordenadas dos pontos sucessivos são determinadas por:

$$\left(x_{n+1}, y_{n+1}\right) = \frac{\left(x_n, y_n\right) + \left(a_n + b_n\right)}{2}$$
$$n = \text{Inteiro } (1 + 3\text{num})$$

onde *num* é um número aleatório entre 0 e 1. Onde *Inteiro* é uma função que retorna o inteiro mais próximo menor ou igual ao argumento. Listamos o programa que executa este algoritmo a seguir e o fractal gerado na Figura 3.13.

```
#triangulo.py
'''Refe: Quantifying Chaos, Jan Tobochnick and Harvey gould,
Computers in
Physics, NOV/DEC 1989
gera o fractal triangulo de Pascal
Programador: Elinei Santos
Data da ultima revisao: 04/11/2016'''
import matplotlib.pyplot as plt
import math
from pylab import *
import random
```

Capítulo 3 O uso de estruturas de decisão e repetição – gravação em arquivo • 111

```python
maxit =30000
v1x =20.
v1y =20.
v2x = 320.0
v2y = 20.0
v3x = 170.0
v3y = 280.
x = 180.
y = 150.0
plt.title("Triangulo de Pascal", fontsize=24)
plt.xlabel("x", fontsize=14)
plt.ylabel("y", fontsize=14)
for m in arange(1,maxit):
    r = random.random() #gera um numero aleatorio flutuante entre 0
e 1
    if r <= 0.3333:
        x = 0.5*(x+v1x)
        y = 0.5*(y+v1y)
    elif r>0.3333 and r <= 0.6666:
        x = 0.5*(x+v2x)
        y = 0.5*(y+v2y)
    else:
        x = 0.5*(x+v3x)
        y = 0.5*(y+v3y)
        plt.scatter(x,y, color = 'purple',s=0.5)
plt.show()
```

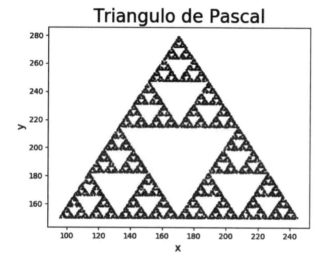

Figura 3.13 – Triângulo de Pascal-Exemplo de fractal.

Exemplo: A árvore de Barnsley

Outro fractal elaborado por Barnsley pode ser obtido a partir da IFS, cujos mapas ou funções iterativas com suas respectivas probabilidades são dados a seguir:

Considere r um número aleatório entre 0 e 1, que vai representar para nós as probabilidades. Os valores de (x_{n+1}, y_{n+1}) que representam o par ordenado das IFS são mostrados a seguir, com as respectivas probabilidades:

$$(x_{n+1} + y_{n+1}) = \begin{cases} (0.5x_n, 0.6y_n), & r \leq 0.1 \\ (0.05x_n - 0.5y_n + 1.0), & 0.1 < r < 0.2 \\ (0.46x_n - 0.15y_n, 0.39x_n + 0.38y_n + 0.6), & 0.2 < r < 0.4 \\ (0.47x_n - 0.15y_n, 0.17x_n + 0.42y_n + 1.1), & 0.4 < r < 0.6 \\ (0.43x_n + 0.28y_n, -0.25x_n + 0.45y_n + 1.0), & 0.6 < r < 0.8 \\ (0.42x_n + 0.26y_n, -0.35x_n + 0.31y_n + 0.7), & 0.8 < r \leq 1.0 \end{cases}$$

No programa `arvore_fractal.py` listado a seguir implementamos o algoritmo IFS que gera a árvore de Barnsley (Figura 3.14).

```
#arvore_fractal.py
```

Capítulo 3 O uso de estruturas de decisão e repetição – gravação em arquivo • **113**

```python
'''arvore fractal implementada pelo algoritmo IFS aleatorio
Refe: Quantifying Chaos, Jan Tobochnick and Harvey gould, Computers in
Physics, NOV/DEC 1989
Programador: Elinei Santos
Data da ultima revisao: 04/11/2016'''
import matplotlib.pyplot as plt
import math
from pylab import *
import random
maxit =30000
x = 0.5
y = 0.0
plt.title("Arvore de Barnsley", fontsize=24)
plt.xlabel("x", fontsize=14)
plt.ylabel("y", fontsize=14)
for m in arange(1,maxit):
    r = random.random() #gera um numero aleatorio flutuante entre 0 e 1
    if r <= 0.1:
        xn = 0.05*x
        yn = 0.6*y
    elif r>0.1 and r < 0.2:
        xn = 0.05*x
        yn = -0.5*y+1.0
    elif r>0.2 and r < 0.4:
        xn = 0.46*x-0.32*y
        yn = 0.39*x+0.38*y+0.6
    elif r>0.4 and r <0.6:
        xn = 0.47*x - 0.15*y
        yn = 0.17*x + 0.42*y+1.1
    elif r>0.6 and r < 0.8:
        xn = 0.43*x + 0.28*y
        yn = -0.25*x+0.45*y+1.0
```

```
else:
    xn = 0.42*x + 0.26*y
    yn = -0.35*x + 0.31*y+0.7
    plt.scatter(xn,yn, color='green',s=1)
    x =xn
    y= yn
plt.show()
```

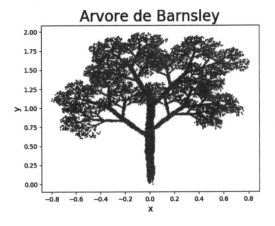

Figura 3.14 – Fractal. A árvore de Barnsley.

Exemplo: Conjunto de Julia

Existem outros tipos de fractais gerados a partir de algoritmos matemáticos que revelam propriedades dos conjuntos numéricos, em especial do conjunto dos números complexos. Estes fractais são gerados por algoritmos iterativos retroalimentados. Sistemas físicos retroalimentados (ou de feedback) são sistemas em que uma parcela da saída do sistema ou aparato retorna à entrada. Um exemplo bem conhecido é o som de um microfone colocado próximo à pessoa que fala gerando um ruído devido à retroalimentação do som. Na Matemática, o feedback é geralmente provocado pelo processo iterativo ou de recursividade. Esta iteração ou recursão ocorre quando há a repetição de uma ou operação ou um conjunto delas. As funções compostas são exemplos de processos recursivos: f(f(f(x))). Já vimos que os fractais anteriormente gerados são processos recursivos, onde uma condição inicial vai alimentar toda a dinâmica futura do processo matemático.

Capítulo 3   O uso de estruturas de decisão e repetição – gravação em arquivo   •   **115**

Um dos processos recursivos foi estudado pelo matemático Gaston Julia (1893-1978). Este matemático notou que a iteração progressiva do polinômio complexo: $z_{n+1} = (z_n)^2 + c$, onde c é um número complexo constante podia gerar uma dinâmica complexa. Com advento dos computadores foi possível visualizar esta dinâmica no plano complexo. A ideia é simples. Começando com um conjunto de números complexos (z) deixamos que o computador faça um processo iterativo definido por: $z_{n+1} = (z_n)^2 + c$. Para cada valor de z escolhido, essa iteração é acompanhada.

Esta iteração é como uma órbita num sistema dinâmico a partir de uma condição inicial. Queremos determinar qual a dinâmica definitiva da órbita ou iteração de cada valor de z escolhido após um grande número de iterações computacionais. Verifica-se que para alguns valores iniciais de z a equação z^2 produz valores cada vez maiores, dizemos que a órbita diverge ou explode (indo para o infinito). Para outros valores esta órbita é limitada e fica presa próxima à origem ou a um raio finito e pequeno. Assim, é possível usar um código de cores para mapear no plano complexo o conjunto de números que possuem órbitas limitadas e o conjunto dos que levam a divergência da órbita. Vamos adotar a cor preta para o conjunto dos números com órbitas limitadas, e branco para os números que geram órbitas que divergem. O algoritmo para geração do conjunto de Julia com duas cores é listado a seguir e implementado no programa `conjunto_Julia.py` na sequência.

1. Definir o intervalo dos valores reais: xmin e xmax
2. Definir o intervalo dos valores complexos: ymin e ymax
3. Definir o valor da máxima iteração para convergência ou não da órbita: maxint
4. Definir o valor do número complexo constante c
5. Definir o raio de convergência do círculo, r
6. Repita para x = xmin ate xmax com incremento, d:
   6.1 Repita para y = ymin até ymax com incremento, d:
      z = x + i y #i é a unidade complexa $i^2 = -1$
      w = z
      Se |w| > r:
                   Desenhar um ponto na coordenada (x,y) de cor branca
      Senão:
      Repita para cont=1 até maxint:

116 • Introdução à Programação Numérica em Python

$$cont = cont+1$$

$$w = w^2 +c$$

Se |w| > r: #a órbita escapa para o infinito, não converge
Desenhar um ponto em (x,y) de cor branca
Pare e retorne ao laço inicial (em x) definido em 6.
Se |w| <= r:
Desenhar um ponto na coordenada (x,y) de cor preta
6.1 Fim da repetição em y
1. Fim da repetição em x

A seguir implementamos o algoritmo anterior para a geração do conjunto de Julia. Na Figura 3.15 mostramos o gráfico obtido. As regiões em preto são números que geram órbitas limitadas ou que convergem dentro do círculo finito definido no programa. A região em branco são números cujas órbitas escapam para o infinito.

```python
#conjunto_Julia
'''Programa para gerar um dos conjuntos de Julia no plano
complexo: z(n+1)=z(n)**2+c, c é um número complexo constante
Programador: Elinei Santos
Ultima revisao: 16/08/2017'''
import math
from pylab import *
import matplotlib.pyplot as plt
xmin = -2
xmax = 2
ymin = -2
ymax = 2
maxint = 100
c = complex(0.27334,-0.00742)
r = 10.
for x in arange(-2,2,0.02):
    for y in arange(-2,2,0.02):
        z = complex(x,y)
```

```
        w = z
        if abs(w)> r:
            plt.scatter(x,y,color='white',s=1)
        else:
            for cont in range(1,maxint):
                w = w**2+c
                if abs(w) > r:
                    plt.scatter(x,y,color ='white',s=1)
                    break
        if abs(w) <= r:
            plt.scatter(x,y, color='black',s=1)
plt.show()
```

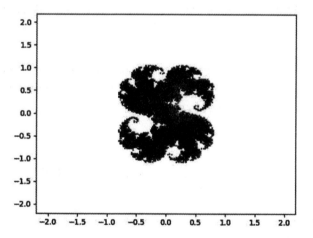

Figura 3.15 – Conjunto de Julia para c = 0.27334 - 0.00742i com máximo de iteração igual a 100 (para testar convergência da órbita)

3.9 Projetos

1. Elabore um programa que gere uma tabela de dados de conversão de temperatura Fahrenheit para Celsius, 0° a 100F°, porém, com mudança de 5 em 5 graus. A saída da tabela deve ser em duas colunas, uma para temperatura Fahrenheit e outra para o valor convertido para Celsius, respectivamente. A temperatura convertida deverá ter duas casas decimais na tabela.

118 • Introdução à Programação Numérica em Python

2. Desprezando a resistência do ar temos que a equação da trajetória que descreve o movimento do centro de massa de uma bola de basquete é dada por:

$$y = tg(\theta) - \frac{1}{2}\frac{gx^2}{2v_0^2\cos^2(\theta)} + H.$$

Elabore um programa que solicite do usuário a altura que é lançada a bola H, a velocidade inicial e o ângulo de lançamento. Gere um arquivo **lancamento.dat** que tenha 30 valores da posição horizontal x e a respectiva posição vertical y da bola. Faça gráficos para os seguintes valores inseridos pelo usuário: a) $v_0 = 10m/s$; q = 30°; $v_0 = 15m/s$; q = 45°; $v_0 = 20m/s$; q = 55°.

3. a) Elabore um programa que gere um diagrama de bifurcação (semelhante ao do mapa logístico) para o mapa: $x_{n+1} = rsin(\pi x_n)$, onde $0 \le r \le q$. b) Elabore um programa que determine a órbita deste sistema, ou seja, determine 20 valores de x_{n+1}, considerando a condição inicial para $x_0 = 0,1$; r = 0,5; r = 0,79; r = 0,865.

4. Utilizando o algoritmo IFS a seguir, elabore um programa que gere um conjunto de 30.000 iterações para gerar um objeto fractal que se assemelha a uma folha de samambaia na natureza. Inicie o programa em $(x_1,y_1) = (0.5, 0.0)$. Os valores de (x_{n+1}, y_{n+1}) são calculados por:

$$(x_{n+1} + y_{n+1}) = \begin{cases} (0.5, 0.27y_n), & para & r < 0.02 \\ (-0.139x_n + 0.263y_n + 0.57 & & \\ 0.246x_n + 0.224y_n - 0.036), & para & 0.02 \le r < 0.17 \\ (0.17x_n - 0.215y_n + 0.408 & & \\ 0.222x_n + 0.176y_n + 0.0893), & para & 0.17 < r \le 0.3 \\ (0.781x_n + 0.034y_n + 0.1075, & & \\ -0.032x_n + 0.739y_n + 0.27) & para & 0.3 < r < 1 \end{cases}$$

5. Transforme o programa **triangulo.c** que implementa o fractal **triângulo de pascal**

de tal forma que você substitua a estrutura de repetição **for** e **if** por uma estrutura do tipo **while**.

6. Mapa de Hénon é um mapa bidimensional não linear e que possui estrutura fractal. Escreva um programa iterativo para gerar o mapa de Hénon. Considere b = 0.26. a) Gere quatro gráficos para os seguintes valores de a: i) *a* = 1.0, ii) *a* = 1.0293, iii) *a* = 1.045 e iv) *a* = 1.2. Elimine as 500 iterações iniciais para retirar o transiente. Gere mais 10000 valores ou mais para obter detalhes do gráfico. A Figura 3.16 é o gráfico que você deve obter após a implementação do programa.

Mapa de Hénon:

$$x_{n+1} = 1 - ax_n^2 + y_n$$
$$y_{n+1} = bx_n$$

b) Faça um programa para ampliação de regiões internas deste atrator. Escolha uma região retangular e recalcule o atrator, permitindo sua ampliação.

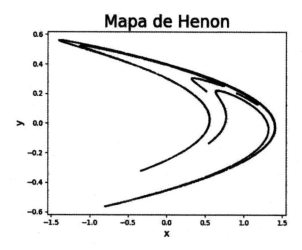

Figura 3.16 – Atrator caótico de Hénon. Estrutura fractal. Valores usados a=1.2 e b =0.4. Transiente= 500 valores eliminados e 10000 pontos desenhados.

7. Floco de neve: um floco de neve é um exemplo de fractal. Ele pode ser implementado a partir da curva de Koch. Essa curva é um fractal que pode ser gerada a partir do seguinte algoritmo. Para se desenhar uma curva de Koch com comprimento x, devemos:

1. Desenhar a curva de Koch com comprimento x/3.
2. Virar 60 graus à esquerda.
3. Desenhar uma curva de Koch com comprimento x/3.
4. Virar 120 graus à direita.
5. Desenhar a curva de Koch com comprimento x/3.
6. Virar 60 graus à esquerda.
7. Desenhar a curva de Koch com comprimento x/3.
8. No caso em que x for menor que 4, desenhe uma reta de comprimento x.

Este algoritmo é implementado em Python da seguinte forma:

```python
#curva_Koch
'''Programa que gera a curva de Koch utilizando o módulo Turtle
Programador: Elinei Santos
Data da ultima revisao: 16/08/2171'''
import turtle
def koch(t, n):
    '''Desenha uma curva de Koch de comprimento n.'''
    if n < 10:
        t.fd(n)
        return
    m = n/3
    koch(t, m)
    t.lt(60)
    koch(t, m)
    t.rt(120)
    koch(t, m)
    t.lt(60)
    koch(t ,m)
bob = turtle.Turtle()
bob.pu()
bob.goto(-150,90)
bob.pd()
koch(bob,300)
turtle.mainloop()
```

O programa *curva_koch.py* gera na tela a Figura 3.17 a seguir.

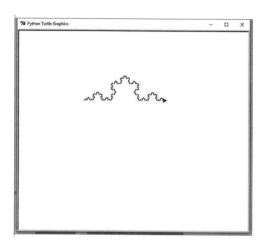

Figura 3.17 – Curva de Koch.

A partir do programa que implementa a curva de Koch, escreva uma nova função chamada *floconeve* que desenhe três curvas de Koch para gerar um floco de neve.

8. Considere o algoritmo a seguir. Este algoritmo é uma adaptação do algoritmo do conjunto de Julia sua implementação computacional gera o conjunto de Mandelbrot onde a função iterativa é dada por: $z = z^2 + c$, iniciando em $z = 0$ e para cada número complexo c no plano. Considerando agora o círculo de convergência com raio $r = 2.0$. Implemente o programa em Python deste algoritmo. Você deve obter um gráfico semelhante ao da Figura 3.18 a seguir.

1. Definir o intervalo dos valores reais: xmin e xmax
2. Definir o intervalo dos valores complexos: ymin e ymax
3. Definir o valor da máxima iteração para convergência ou não da órbita: maxint
4. Definir o valor de $z = 0$.
5. Definir o raio de convergência do círculo, r
6. Repita para x = xmin ate xmax com incremento, d:
    6.1 Repita para y = ymin até ymax com incremento, d:
    c = x + i y #i é a unidade complexa $i^2 = -1$

w = z
Se |w| > r:
    Desenhar um ponto na coordenada (x,y) de cor vermelha
Senão:
    Repita para cont=1 até maxint:
        cont = cont+1
        w = w^2 +c
        Se |w| > r: #a órbita escapa para o infinito, não comverge
        Desenhar um ponto em (x,y) de cor branca
        Pare e retorne ao laço inicial (em x) definido em 6.
    Se |w| <= r:
        Desenhar um ponto na coordenada (x,y) de cor vermelha
6.2 Fim da repetição em y

7. Fim da repetição em x

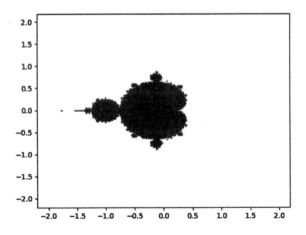

Figura 3.18 – Conjunto de Mandelbrot. Gráfico gerado a partir da adaptação do programa conjunto_Julia.py, explicado no capítulo. Foi utilizado um raio = 2.0 com 100 iterações para testar a convergência.

Capítulo 4

Solução numérica de equações diferenciais, vetores e matrizes com o pacote Numpy

Um dos problemas da dinâmica é a descrição do movimento dos corpos. A segunda Lei de Newton nos diz que dada uma força **F**, é possível determinar a taxa de variação da velocidade em função do tempo, i.e,

$$m\frac{dv}{dt} = \mathbf{F}.$$

Aqui **F** é a força resultante que age sobre a partícula. Para os casos simples é possível determinar uma solução analítica fechada, mas, dependendo da força resultante **F** a solução analítica não é mais possível. Neste caso a solução numérica tem se mostrado como uma ferramenta adequada e poderosa na resolução de tais sistemas, inclusive criando uma nova área de estudo e pesquisa: a Teoria dos Sistemas Dinâmicos não Lineares ou teoria do Caos. Há de se destacar que com o advento do computador e a evolução constante de sua performance, a solução numérica pode ser tão precisa quanto se queira, acima da capacidade da resolução dos aparelhos de medida, de tal forma que podemos dizer que a solução numérica é a solução verdadeira do sistema. Neste capítulo vamos explorar os diferentes métodos numéricos existentes para a solução de equações diferenciais ordinárias (**EDO**).

4.1 Efeito da resistência do ar no lançamento de projétil

Problema: Considere um projétil lançado obliquamente com uma velocidade v fazendo um ângulo θ com a horizontal do lugar e que sofre a força resistiva do ar proporcional ao quadrado da velocidade: $f_a = -\gamma v^2$. A segunda Lei de Newton aplicada ao projétil é dada por:

$$\mathbf{F} = -mg\hat{y} - \gamma \mathbf{v}^2$$

No caso mais simples, sem a resistência do ar, a força resultante que age na partícula é dada por:

$$\mathbf{F} = -mg\hat{y}.$$

Esta equação produz duas componentes, cujos movimentos são independentes entre si (conforme observado por Galileu), mas, que era uma dificuldade para os gregos, que não concebiam a ideia da independência dos movimentos. Assim, temos:

$$\frac{d\mathbf{v}_x}{dt} = 0$$

$$\frac{d\mathbf{v}_y}{dt} = -mg$$

Estas equações possuem solução analítica fechada (trajetória parabólica) e podem ser encontradas em todos os livros de Mecânica elementar. Essa trajetória parabólica *y(x)* (distância vertical) em função da distância na horizontal *x* é dada por:

$$y = x \tan(\theta) - \frac{1}{2} \frac{gx^2}{v_0^2 \cos(\theta)}.$$

Passemos agora a analisar o caso geral, considerando o arrasto. Quando um objeto se movimenta num fluído (gases e líquidos) age sobre o mesmo uma força de arrasto antiparalelo à velocidade. Esta força é diretamente proporcional à velocidade do objeto e tem um comportamento geral dado por:

$$f_a = \frac{1}{2} C_p \rho A v^2$$

onde, Cp é o coeficiente de arrasto, ρ é a densidade do ar ($\approx 1,224 kg/m^3$) ao nível do mar e A é a área da seção transversal do objeto. O coeficiente de arrasto é um parâmetro adimensional que depende da geometria do objeto – quanto mais alongado o objeto, menor é o coeficiente, pois, esta forma geométrica do objeto é aerodinamicamente favorável ao movimento.

Capítulo 4 Solução numérica de equações diferenciais, vetores e matrizes com o pacote Numpy • **125**

Para uma esfera lisa de raio R movimentando-se lentamente através de um fluído, o coeficiente de arrasto é dado pela Lei de Stokes,

$$Cp = \frac{12v}{Rv} = \frac{24}{Re},$$

onde, v é a viscosidade do fluído ($1,5 \times 10^{-5} m^2/s$ para o ar) e $Re \cong 2Rv/v$ é o número adimensional de Reynold. Este número indica o tipo de escoamento do fluído; valores de Re pequenos correspondem ao escoamento laminar, enquanto valores grandes estão associados à formação de turbulências. Para um objeto do tamanho de uma bola de futebol movimentando-se através do ar e, se a velocidade é menor do que 0,2mm/s, temos que $Re \approx 1$.

Para velocidades mais altas (acima de 20m/s, $Re > 10^3$) o coeficiente de arrasto é aproximadamente constante ($Cp \approx 0,5$) para uma grande faixa de velocidades.

Considerando a resistência do ar, a segunda Lei de Newton é então:

$$\mathbf{F} = -mg\hat{y} - \mathbf{f}_a$$

Esta equação pode ser separada nas componentes horizontal e vertical, considerando que a força de atrito do ar é dada por: $f_a = -\gamma |\mathbf{v}| v$, cujo módulo é dado por: $f_a = \gamma v^2$. Temos então:

$$m\frac{dv_x}{dt} = -f_a \cos\theta$$

$$m\frac{dv_y}{dt} = -mg - f_a sen\theta,$$

sendo $f_a = \gamma v^2$ e como $v_x = v\cos\theta$ e $v_y = v sen\theta$, podemos reescrever as equações acima como:

$$m\frac{dv_x}{dt} = -\gamma v v_x$$

$$m\frac{dv_y}{dt} = -mg - \gamma v v_y.$$

(4.1)

Este sistema de equação é um sistema acoplado, uma vez que para se obter o valor de $v^2 = v_x^2 + v_y^2$ devemos calcular em cada instante o valor de v_x e v_y.

Este sistema de equações acopladas pode ser facilmente solucionado numericamente, como mostraremos adiante, para isto devemos ter um método de calcular a derivada de uma função. O método mais simples para resolver esta equação diferencial é o método de Euler que passamos a estudar.

4.2 Método de Euler para solução de EDO

Consideremos uma EDO:

$$\frac{dy}{dt} = v(t) = f(t, y). \tag{4.2}$$

O método de Euler parte da ideia de que podemos calcular a derivada de uma função qualquer a partir da definição:

$$y'(t) = v(t) \approx \frac{y(t+h) - y(t)}{h}.$$

Esta derivada é igual a declividade da reta que tangencia a curva no ponto y(t). O método considera que esta declividade se mantém constante até o ponto y(t+h), assim o método divide o intervalo de tempo que se quer resolver a equação diferencial (ou passos) igual (h), ou seja:

$$t_{i+1} = t_i + h$$

$$y_{i+1} = y_i + f(t_i, y_i)h$$

Note que $\mathbf{f}(t_i, y_i)$ é a própria equação diferencial dada pela Equação 4.2, neste caso é a equação da velocidade v(t), que será usada como a derivada no ponto, considerada constante. Temos, então, que o método de Euler é escrito como:

$$t_{i+1} = t_i + h$$

$$y_{i+1} = y_i + v(t_i, y_i)h$$

Capítulo 4 Solução numérica de equações diferenciais, vetores e matrizes com o pacote Numpy • **127**

Da mesma forma, como a aceleração é dada pela derivada da velocidade em relação ao tempo, ou seja:

$$\frac{dv}{dt} = a(t).$$

Usamos novamente o método de Euler para determinar a velocidade da partícula:

$$t_{i+1} = t_i + h$$

$$v_{i+1} = v_i + a(t_i, y_i)h.$$

Exemplo: Derive o método de Euler usando a integração numérica.

Consideremos uma equação diferencial de primeira ordem qualquer, dada por:

$$\frac{dy}{dt} = f(y,t).$$

Integrando em ambos os lados da equação, após termos multiplicado ambos os lados da equação por dt, obtemos:

$$\int_{y_i}^{y_{i+1}} dy = \int_{t_i}^{t_{i+1}} f(y,t)dt$$

Integrando, resulta:

$$y_{i+1} - y_i = \int_{t_i}^{t_{i+1}} f(y,t)dt.$$

Usando o método do retângulo para a integração numérica, o qual considera constante a função **f** (y,t), dessa forma retirada da integral, obtemos:

$$y_{i+1} = y_i + f(y_i, t_i)(t_{i+1} - t_i) = y_i + f(y_i, t_i)h. \tag{4.3}$$

Podemos verificar que o resultado dado pela Equação 4.3 é o método de Euler, pois, h= t_{i+1}-t_i é o passo de integração.

O algoritmo que integra o sistema de Equações 4.1 pelo método de Euler pode ser colocado da seguinte forma:

1. Especifique o passo h
2. Especifique o intervalo de tempo tmin e tmax
3. Determine o número de pontos para integrar

$$N = \frac{t_{max} - t_{min}}{h}$$

4. Especifique as condições iniciais para x, y, v x e v y
5. Repita de 1 até N

$$\upsilon_x = \upsilon_x - C_p \upsilon \upsilon_x h$$

$$\upsilon_y = \upsilon_y - gh - C_p \upsilon \upsilon_y h$$

$$\upsilon = \sqrt{\upsilon_x^2 + \upsilon_y^2}$$

$$x = x + \upsilon_x h$$

$$y = y + \upsilon_y h$$

$$t = t + h$$

Se y for menor do que 0.0: Encerre o laço, pois o projétil passou abaixo do solo
Grave os valores de t, x e y

6. Fim da repetição

O programa *obliquo_eulerarquivo.py* a seguir implementa o algoritmo anterior e soluciona numericamente as equações 4.1 utilizando o método de Euler. Na Figura 4.1 mostramos o resultado obtido utilizando-se este programa. Verificamos que o alcance do projétil é tanto menor quanto maior for o valor do coeficiente C_p:

```
#obliquo_eulerarquivo.py
'''Programa para resolver o lançamento obliquo considerando a
resistência do ar proporcional ao quadrado da velocidade da
partícula
Método de Euler simples
Programador: Elinei Santos
Ultima revisão: 18/08/2017
```

Capítulo 4 Solução numérica de equações diferenciais, vetores e matrizes com o pacote Numpy • 129

```python
dvx/dt = -C2*v*vx
dvy/dt = -g - C2*v*vy'''
from pylab import *
import matplotlib.pyplot as plt
from math import pi, sqrt, cos, sin
try:
    obliquo=open("obliquo1.dat","w")
    print("Arquivo aberto!!")
except IOError:
    print("Arquivo nao pode ser aberto\n")
#variaveis globais
h = 0.1
tmax = 6.0
tmin = 0.0
y0 = 0.0
Cp = 0.04
g = 9.8
N = (tmax - tmin)/h
te = 45.0 # em graus
te = (te*pi)/180. # em radianos
v = 50.0
vx = v*cos(te)
vy = v*sin(te)
y = y0
x = 0.0
t = tmin
for i in arange(1, N):
    vx = vx - Cp*v*vx*h
    vy = vy - g*h-Cp*v*vy*h
    v = sqrt(vx*vx+vy*vy)
    x = x + vx*h
    y = y + vy*h
    if(y<0.0): break #interrompe o laço se passar abaixo do solo
    t +=h
```

130 • Introdução à Programação Numérica em Python

```
    obliquo.write('%.3f \t %.3f\n' %(x,y))
print("Dados armazenadoss em obliquo.dat\n")
obliquo.close()
```

Para visualizarmos os diferentes lançamentos obtidos para cada valor do coeficiente de atrito viscoso utilizado implementamos o programa *plote_obliquoeuler.py*. Este programa cria listas vazias x1,y1, x2,y2 ....,x4,y4 as quais receberão as duas colunas de dados (alcance x altura) dos quatro arquivos gerados pelo programa de lançamento oblíquo, visto anteriormente. Na Figura 4.1 mostramos o resultado obtido utilizando-se este programa. Verificamos que o alcance do projétil é tanto menor quanto maior for o valor do coeficiente C_p.

```
#plote_obliquoeuler.py
'''Programa para ler os arquivos de dados e fazer o gráfico
Programador: Elinei Santos
Ultima revisão: 18/08/2017'''
import matplotlib.pyplot as plt
import sys
x1, y1, x2, y2, x3, y3, x4, y4 = [],[],[],[],[],[],[],[]
try:
    dataset=open("obliquo1.dat","r")
    print("Arquivo aberto!!")
except IOError:
    print("Arquivo nao existe no diretorio atual\n")
    sys.exit(1)
for line in dataset:
    line = line.strip()
    X, Y = line.split() #split(','), split(':')
    x1.append(X)
    y1.append(Y)
dataset.close()

try:
    dataset=open("obliquo2.dat","r")
```

Capítulo 4 · Solução numérica de equações diferenciais, vetores e matrizes com o pacote Numpy · 131

```python
    print("Arquivo aberto!!")
except IOError:
    print("Arquivo nao existe no diretorio atual\n")
    sys.exit(1)
for line in dataset:
    line = line.strip()
    X, Y = line.split() #split(','), split(':')
    x2.append(X)
    y2.append(Y)
dataset.close()

try:
    dataset=open("obliquo3.dat","r")
    print("Arquivo aberto!!")
except IOError:
    print("Arquivo nao existe no diretorio atual\n")
    sys.exit(1)
for line in dataset:
    line = line.strip()
    X, Y = line.split() #split(','), split(':')
    x3.append(X)
    y3.append(Y)
dataset.close()
try:
    dataset=open("obliquo4.dat","r")
    print("Arquivo aberto!!")
except IOError:
    print("Arquivo nao existe no diretorio atual\n")
    sys.exit(1)
for line in dataset:
    line = line.strip()
    X, Y = line.split() #split(','), split(':')
    x4.append(X)
    y4.append(Y)
```

```
dataset.close()

plt.xlabel("Alcance (m)", fontsize = 14)
plt.ylabel("Altura (m)", fontsize = 14)
plt.plot(x1,y1,'-r',x2,y2,'--b',x3,y3,'-.y',x4,y4,':g')
plt.legend(['Cp=0.005', 'Cp=0.01','Cp=0.02','Cp=0.04'])
plt.show()
```

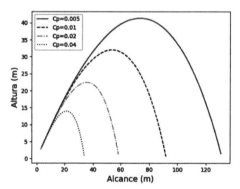

Figura 4.1 – Trajetórias de um projétil (altura x alcance) considerando a resistência do ar. A força resistiva proporcional à velocidade do projétil. São mostradas diferentes trajetórias para vários valores da constante de amortecimento (C_p) devido ao atrito viscoso. Consideramos na simulação os seguintes valores: θ = 45° e v_0 = 50m/s. O alcance do projétil é menor, quanto maior for o valor do coeficiente de atrito.

4.3 O pêndulo amortecido

Considere um pêndulo composto de massa **m** e comprimento **l** que oscila num plano vertical com uma força de atrito proporcional a velocidade instantânea do tipo:

$$f_{at} = -b\dot{\theta}$$

Considerando o torque que age sobre a vareta que suporta a massa **m**, temos:

$$\tau = I\ddot{\theta} = -mgl\,sen\theta - b\dot{\theta}.$$

Sendo I o momento de inércia dado por I = ml², substituindo na equação acima, obtemos:

$$ml\ddot{\theta} = -mgl\,sen\theta - b\dot{\theta}.$$

Dividindo tudo pela massa **m** e definindo:

Capítulo 4 Solução numérica de equações diferenciais, vetores e matrizes com o pacote Numpy • **133**

$$\omega_0^2 = \frac{g}{l},$$

como a frequência natural do pêndulo, obtemos a equação diferencial do pêndulo amortecido escrita abaixo:

$$\ddot{\theta} = -\frac{b}{ml^2}\dot{\theta} - \omega_0^2 sen\theta. \tag{4.4}$$

4.4 Resolvendo numericamente a equação diferencial adimensional

Nesta seção vamos tratar de dois tópicos importantes referentes à integração numérica de uma equação diferencial de segunda ordem, como a equação do pêndulo amortecido, Equação 4.4. Para resolver esta equação precisamos torná-la adimensional e, ao mesmo tempo, encontrar um meio de transformá-la em uma equação de primeira ordem, cujos métodos numéricos já existem e são robustos numericamente.

Tornando adimensional a equação diferencial

Computacionalmente é importante tornar toda a equação diferencial adimensional, inclusive os parâmetros existentes na mesma, uma vez que estamos interessados na análise da dinâmica do sistema, ou seja, o tipo de comportamento que o sistema apresenta sem nos preocuparmos inicialmente com os valores numéricos que o sistema nos fornece. Fazendo isto garantimos que a solução numérica é mais estável, deixando somente os parâmetros relevantes ao comportamento dinâmico do sistema. Este procedimento também evita que tenhamos parâmetros com grandes diferenças de valores o que, muitas das vezes, geram erros numéricos graves. No caso em questão, vamos definir um tempo adimensional dado por:

$$t' = t\omega_0$$

Veja que este tempo é adimensional, pois, a dimensão de [t] = s e [ω_0] = 1/s de forma que [t] [ω]=1. Temos também que o operador derivada em relação ao tempo t, pode ser escrito em relação ao tempo adimensional, i.e.,

$$\frac{d}{dt} = \frac{d}{dt'}\frac{dt'}{dt} \tag{4.5}$$

Sendo dt'/dt = ω_0, temos que:

$$\frac{d}{dt} = \omega_0 \frac{d}{dt'}$$

Fazendo o mesmo procedimento para o operador da segunda derivada, obtemos:

$$\frac{d^2}{dt^2} = \frac{d}{dt}\left(\frac{d}{dt'}\frac{dt'}{dt}\right) = \omega_0\left(\frac{d}{dt'}\right) = \omega_0^2 \frac{d^2}{dt'^2} \tag{4.6}$$

Vamos aplicar estas derivadas temporais na Equação 4.4 de forma a torná-la adimensional. Reescrevemos a equação a seguir:

$$\frac{d^2\theta}{dt^2} = \frac{b}{ml^2}\theta - \omega_0^2 sen\theta,$$

usando os operadores da derivada primeira (Equação 4.5) e derivada segunda (Equação 4.6) na equação anterior, temos:

$$\omega_0^2 \frac{d^2\theta}{dt'^2} = -\frac{b}{ml^2}\omega_0 \frac{d\theta}{dt'} - \omega_0^2 sen\theta.$$

Dividindo toda a equação por $(\omega_0)^2$, obtemos:

$$\frac{d^2\theta}{dt'^2} = -\frac{b}{ml^2\omega_0}\frac{d\theta}{dt'} - sen\theta.$$

Esta última equação pode finalmente ser reescrita na forma simples e adimensional a seguir,

$$\ddot{\theta} = -\gamma\dot{\theta} - sen\theta, \tag{4.7}$$

onde existe um único parâmetro adimensional (γ) que é o coeficiente de amortecimento dado por:

$$\gamma = \frac{b}{ml^2\omega_0}$$

Note que nas derivadas não nos preocupamos com o novo tempo t'. Sendo este uma variável que representa o tempo, voltamos a utilizar o tempo t=t'.

4.5 Redução de uma equação diferencial de segunda ordem para duas de primeira ordem

Para transformarmos a equação diferencial de segunda ordem, a qual não dispomos de um método numérico direto para resolver, lançamos mão do procedimento de reduzir esta equação para duas equações de primeira ordem acopladas. Para isto, fazemos uso de uma variável auxiliar y, dado por:

$$y = \frac{d\theta}{dt},$$

Dessa forma, temos que:

$$\dot{y} = \frac{d^2\theta}{dt^2}.$$

Com este procedimento, a equação diferencial adimensional Equação 4.7 torna-se, junto com a equação anterior, uma equação diferencial de primeira ordem. Desta forma é possível integrar o sistema acoplado de equações diferenciais de primeira ordem dado a seguir (Equação 4.8):

$$\frac{d\theta}{dt} = y$$

$$\frac{dy}{dt} = -\gamma y - sen\theta$$

(4.8)

Sendo o sistema 4.8 composto por equações diferenciais de primeira ordem, qualquer método numérico como: Euler, Runge-Kutta, etc, pode ser usado para se obter a solução do mesmo. Vamos inicialmente resolver este sistema pelo método de Euler. No programa `pendulo_euler.py`, mostramos a implementação do método de Euler para este problema. Na Figura 4.2, mostramos o resultado da integração numérica usando o método de Euler.

136 • Introdução à Programação Numérica em Python

```python
#pendulo_euler.py
'''Programa para resolver a equação do pêndulo amortecido
através do método de Euler
Programador: Elinei Santos
Ultima revisão: 23/08/2017'''
from pylab import *
import matplotlib.pyplot as plt
from math import pi, sqrt, cos, sin
#variaveis globais
h = 0.02 #passo de integração
tmin = 0.0
tmax = 50.
y0 =0.0
t0 = 2.0
g = 0.2
N = (tmax - tmin)/h
y = y0
te = t0
x = 0.
t = tmin
subplot(2,1,1) #grafico na primeira coluna e primeira linha
for i in arange(1,N):
    t +=h
    te = te + y*h
    y = y - (g*y+sin(te))*h
    plot(t,te,'b.')
xlabel('tempo',fontsize=14)
ylabel('y',fontsize=14)

y = y0
te = t0
x = 0.
t = tmin
```

```
subplot(2,1,2) #grafico na primeira coluna e segunda linha
for i in arange(1,N):
    t +=h
    te = te + y*h
    y = y - (g*y+sin(te))*h
    plot(te,y,'r.')
xlabel('y',fontsize=14)
ylabel('dy/dt',fontsize=14)
show()
```

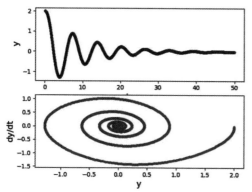

Figura 4.2 – Dinâmica do pêndulo amortecido através do método de Euler. No gráfico superior temos o ângulo y em função do tempo e no gráfico inferior temos o retrato de fase do sistema (y, dy/dt), neste caso, temos uma espiral decrescente mostrando o comportamento dissipativo do sistema.

4.6 O Efeito Magnus

Quando uma bola é lançada em rotação, há o surgimento de uma força de sustentação proporcional à velocidade de rotação da bola e pode ser expressa vetorialmente como:

$$\vec{F}/m = C_M (\vec{\omega} \times \vec{v}),$$

onde **m** é a massa da bola e C_M é uma constante que depende do raio da bola, da viscosidade do ar e demais fatores, onde vamos considerar um valor médio para essas grandezas. De acordo com essa definição expressa matematicamente, temos que a direção da força Magnus é então perpendicular tanto à velocidade da bola quanto do eixo de rotação. Consideraremos uma bola de futebol, por exemplo, chutada num campo de futebol, como aquela chutada por Pelé na copa de 70 contra a Tchcoslováquia (ver artigo: A aerodinâmica da bola de futebol de C.E. Aguiar e G. Rubini, na Revista Brasileira de

Física, v. 26, n. 4, p. 297-306 de 2004). O mesmo viu o goleiro adiantado, deu um chute cuja bola pegou "efeito" (força Magnus) e caiu por sobre a trave. A equação geral que descreve o movimento desta bola pode ser escrita como:

$$\vec{F} / m\vec{g} - C_D |\vec{v}|\vec{v} + C_M (\vec{\omega} \times \vec{v}).$$

Escrevendo a equação anterior na forma dos componentes, sendo que a aceleração é igual à taxa de variação da velocidade, temos:

$$\frac{dv_x}{dt} = -C_D v v_x + C_M \left(\omega_y v_z - \omega_z v_y \right)$$

$$\frac{dv_y}{dt} = -C_D v v_y + C_M \left(\omega_z v_x - \omega_x v_z \right) \qquad (4.7)$$

$$\frac{dv_z}{dt} = -C_D v v_z + C_M \left(\omega_x v_y - \omega_y v_x \right) - g.$$

No caso de um projétil lançado sem levar em consideração o efeito Magnus as equações anteriores tornam-se:

$$\frac{dv_x}{dt} = -C_D v v_x$$

$$\frac{dv_y}{dt} = -C_D v v_y \qquad (4.8)$$

$$\frac{dv_z}{dt} = -C_D v v_z - g.$$

Considerando o sistema de coordenadas cartesianas, a bola sendo lançada do solo (plano x e y) com velocidade inicial **v** e um ângulo de lançamento θ em relação a este plano. A altura alcançada é medida no eixo z. As componentes da velocidade nesse sistema de coordenadas podem ser escritas como:

$$v_z = vsen(\theta)$$

$$v_x = v\cos(\theta)\cos(\phi)$$

$$v_y = v\cos(\theta)sen(\phi)$$

Capítulo 4 Solução numérica de equações diferenciais, vetores e matrizes com o pacote Numpy • **139**

sendo ϕ o ângulo que a projeção da velocidade no plano x e y faz com o eixo-x. A implementação da solução destas equações pelo método de Euler é mostrado na listagem a seguir. Nesta simulação consideramos o lançamento no plano x e z, assim, $\phi = 0^0$ e $\theta = 45^0$. O valor de CM = 4×10^{-4} e CD = 6×10^{-3} e v = 40.1 m/s. No programa `euler_magnuscompara.py` fazemos um laço geral com a estrutura **for**. Neste laço é que integramos os sistemas de Equações 4.7 e 4.8. No laço mais interno, com a estrutura **while**, nós integramos as Equações 4.8 que não levam em consideração o efeito Magnus. Este laço se repete até que a variável que representa a altura do projétil (z) seja maior ou igual a zero, uma vez sendo negativa ela não representa um valor físico aceitável, pois o projétil estaria abaixo do solo. Terminado o laço **while** interno o sistema de Equações 4.7, que leva em consideração o efeito Magnus, agora é integrado até que o projétil também alcance o solo. Na Figura 4.3, mostramos o resultado da simulação. A curva mais a direita, que apresenta maior alcance do projétil, é o resultado da simulação com efeito Magnus e a curva mais à esquerda é a que não considera este efeito. Assim, o efeito Magnus faz com que o projétil lançado tenha um alcance maior.

```
#euler_magnuscompara.py
''': Programa para resolver o problema do efeito Magnus
Metodo de Euler simples - compara com lancamento sem efeito Magnus
Programador: Elinei Santos
Data da ultima revisao: 19/11/2016
Ref. An Introduction to Computer Simulation Methods. Applications
to
Physical Systems - Harvey Gould - Jan Tobochnik, 3a. Ed.
dvx/dt=-CD*v*vx+CM(wy*vz - wz*vy)
dvy/dt=-CD*v*vy +CM*(wz*vx-wx*vz)
dvz/dt=-CD*v*vz+CM*(wx*vy-wy*vx)-g
v*v=(vx*vx+vy*vy)'''
from pylab import *
import matplotlib.pyplot as plt
from math import pi,sqrt, cos, sin,degrees
#variaveis globais
h = 0.02
tmax = 13.0
```

140 • Introdução à Programação Numérica em Python

```python
tmin = 0.0
y0 = 0.0
GAMA = 4.E-4
r = 0.02
CD = 6.E-3
CM = GAMA
wx = 2.*pi*15.84
wy = 2.*pi*15.84
wz = 2.*pi*15.84
g = 9.8
te = pi*45./180
fi = 0.0
v = 40.1
vz = v*sin(te)
vx = v*cos(te)*cos(fi)
vy = v*cos(te)*sin(fi)
vxo = v*cos(te)*cos(fi)
vyo = v*cos(te)*sin(fi)
vzo = v*sin(te)
x, y, z = 0.,0.,0.
xx, yy, zz  = 0.,0.,0.
t = tmin
N = (tmax-tmin)/h
vo = v
xo =0.
zo =0.
for i in arange(1, N):
    while zz>=0.0:
        vxo = vxo - CD*v*vxo*h
        vyo = vyo - CD*v*vyo*h
        vzo = vzo - CD*v*vzo*h - g*h
        vv = sqrt(vxo*vxo+vyo*vyo+vzo*vzo)
        xx += vxo*h
        yy += vyo*h
```

```
            zz += vzo*h
            plot(xx,zz,'ro')
        vx = vx - CD*v*vx*h+CM*(wy*vz-wz*vy)*h
        vy = vy - CD*v*vy*h+CM*(wz*vx-wx*vz)*h
        vz = vz - CD*v*vz*h+CM*(wx*vy-wy*vx)*h - g*h
        v = sqrt(vx*vx + vy*vy + vz*vz)
        x += vx*h
        y += vy*h
        z += vz*h
        if(z<0.0 ): break #interrompe o laco se passar abaixo do solo
        t += h
        plot(x,z,'bo')
axis([0, 110., 0, 35.])
xlabel('Alcance(m)', fontsize=15)
ylabel('Altura(m)', fontsize =15)
show()
```

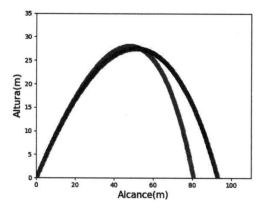

Figura 4.3 – Trajetória de uma bola no plano: distância x altura com efeito Magnus (curva maior a direita) e sem efeito Magnus (curva menor à esquerda). O efeito Magnus faz com que o alcance seja maior.

4.7 O Uso de Funções em Python

Para implementarmos métodos mais sofisticados que o método de Euler para resolver EDO temos que ter em mãos comandos e estrutura de programação que permitam novas abordagens de soluções numéricas e, se possível, mantendo um padrão de programação estruturada: dividindo o programa geral em blocos de programas que executem tarefas de forma clara e sucinta. Este objetivo é conseguido com o uso de **funções**.

Introdução à Programação Numérica em Python

Um programa pode e deve ser construído estruturalmente com sub-blocos de programas menores que executem determinada ação repetitiva. Se esta ação é necessária várias vezes dentro do programa principal, então, é adequado torná-la uma função.

O uso de funções em programação tem as seguintes vantagens:

- Estas podem ser escritas e testadas independentemente do programa principal e, sendo menor é mais fácil testar e determinar possíveis erros.

- Uma vez que a função foi testada e verificado sua funcionalidade você pode utilizar em diferentes partes do programa ou em outros sem se preocupar com novos testes.

- A leitura e estrutura do programa ou projeto é muito mais fácil para fazer correções e novas implementações.

- As funções são os primeiros passos para implementar o conceito de abstração, onde os módulos das funções escondem os detalhes da implementação e o programador se preocupa apenas com a funcionalidade ou ação que a função executa.

4.7.1 Sintaxe da construção de uma função em Python

Uma função para ser usada num programa em Python deve ser definida primeiro. A definição determina o tipo da função, o número e os tipos de seus argumentos que recebe.

Para se escrever uma função em Python temos que definir esta função, isto é feito da seguinte forma:

```
def nome_da_função(parâmetro1, parâmetro2, ...):
        "docstring-descreve a função"
        comando1
        comando2
```

Capítulo 4 Solução numérica de equações diferenciais, vetores e matrizes com o pacote Numpy • **143**

```
. . . . . . . . . . . . . . .
return expressão
```

O bloco da função começa com a palavra-chave **def** seguida de um nome para a função e parênteses (). Se a função necessitar de vários parâmetros (também denominados argumentos), estes devem estar dentro dos parênteses. Se a função não precisar de nenhuma informação (ou parâmetros) para a sua execução, os parênteses são vazios (mesmo assim, **eles são obrigatórios**). A definição da função termina com dois-pontos (:). Se houver mais de um parâmetro (ou argumento) estes devem estar separados por vírgulas. Note que você pode definir diferentes tipos de parâmetros dentro de uma função. A primeira declaração ou comando é uma linha opcional, serve apenas para indicar qual o objetivo ou ação da função, chamado de **docstring**. Em seguida, qualquer conjunto de linhas de comando indentadas abaixo da definição da função faz parte do corpo da função. No corpo da função ficam os comandos que executam determinada tarefa ou programação.

Nota: É um erro comum esquecer-se de colocar os dois pontos(:) na definição da função. A indentação é o que define o corpo da função.

Uma função deve executar determinada tarefa e retornar ao programa principal, é um desvio momentâneo que o programa principal toma para executar determinada ação repetitiva ou que fica mais estruturalmente construída em um bloco separado, como função. O **valor de retorno** da função é definido pelo valor que a mesma retorna através do comando **return**. Assim, a instrução faz com que o valor da expressão volte à linha do programa principal que chamou a função. Se o comando **return** ou valores de retorno são omitidos, a função retorna um objeto nulo (*None*).

Vamos exemplificar alguns usos simples de funções no mesmo tempo que definiremos os diferentes argumentos e valores de retorno das funções. Na sequência, usaremos funções para elaborar programas numéricos mais sofisticados e com maior capacidade para a simulação.

4.7.2 Tipos de argumentos ou parâmetros de funções em Python

Os seguintes tipos de parâmetros podem ser implementados nas funções em Python:

- Argumentos posicionais: os valores passados na chamada da função devem corresponder à mesma ordem em que os parâmetros foram escritos na definição da função.

- Argumentos nomeados (*Keywords argument*): neste caso, na definição da função é criado um par **nome-valor** de tal forma que o valor é associado ao nome para que não haja ambiguidade quando se chama função. Como cada valor corresponde a um nome específico no argumento você não precisa se preocupar com a ordem dos parâmetros na chamada da função (diferente do caso de argumentos posicionais, onde a ordem é obrigatória).

- Argumentos com valores default: na definição da função é fornecido um valor default para cada parâmetro. Se na chamada da função for definido um parâmetro, Python utilizará este parâmetro. Se nenhum valor do parâmetro for fornecido, o valor default definido será utilizado. Utilizar valores default permitem maior clareza de como utilizar a função.

No caso de funções definidas com argumentos posicionais e argumentos nomeados, estes últimos devem vir listados após os argumentos posicionais na definição da função.

4.7.3 Funções matemáticas como funções em Python

Já fizemos anteriormente a conversão de escalas termométricas. Para cada conversão, temos uma fórmula matemática que calcula esta conversão. No caso da transformação da escala Fahrenheit para Celsius, a fórmula é:

$$tc = \frac{5}{9}(f - 32)$$

Capítulo 4 Solução numérica de equações diferenciais, vetores e matrizes com o pacote Numpy • **145**

onde, **f** é a temperatura em Fahrenheit e **tc** a temperatura em Celsius. Vamos implementar um programa que solicite ao usuário a temperatura em Fahrenheit e mostre uma mensagem com o valor da temperatura convertida para escala Celsius. Este é um exemplo que utilizaremos a estrutura de função em Python para determinar uma função matemática. O programa *conversaotem_funcao.py* a seguir mostra esta implementação.

```
#conversaotemp_funcao.py
'''Programa para conversao de escalas termometricas.
Uso de função em Python
Programador: Elinei Santos
Data da ultima revisao: 22/08/2017'''

tf = eval(input("Entre com o a temperatura em \
    graus Fahrenheit a ser convertida \n: "))
#definição da função
def F(f):
    return((5./9)*(f-32.))
#chamada a função F(f) em qualquer lugar do programa
print("A temperatura em Fahrenheit = %3.2f F " %tf,\
        "convertida para graus Celsius e = %3.2f C " %F(tf))
```

Na variável **tf** recebemos o valor inserido pelo usuário da escala em Fahrenheit. Na sequência definimos a função com a palavra-chave **def** e criamos a função **F(f)**, cujo valor de retorno fornecido pelo comando **return** é um objeto do tipo **float** que é o resultado do cálculo da conversão da fórmula matemática. Assim, quando precisarmos fazer o cálculo da conversão em qualquer parte do programa basta chamar a função **F(f)**. Neste caso, **f** é um parâmetro (ou argumento) da função. Isto foi feito quando utilizamos o comando print, chamamos a função para apresentar o valor convertido, como mostramos a seguir:

```
print(«A temperatura em Fahrenheit = %3.2f F « %tf,\
        "convertida para graus Celsius e = %3.2f C " %F(tf))
```

146 • Introdução à Programação Numérica em Python

Exercício: Utilize o programa: `conversaotemp_funcao.py` e utilizando a lista: **f** = [10, 30, 50, 60, 80, 90, 120, 140, 200] converta toda a lista para graus Celsius utilizando a função **F(f)** e imprima na tela em duas colunas com duas casas de precisão.

4.7.4 Funções que retornam mais de um valor

É possível retornar mais de um valor pelo comando **return**. Considere a equação de segundo grau: $ax^2 + bx + c = 0$. Vamos implementar um programa que determine as raízes reais desta equação. Os valores das constantes a, b e c são inseridas pelo usuário. O programa `funcao_quadrática.py` é listado a seguir:

```
#funcao_quadratica.py:
'''Programa que determina as raizes reais de uma funcao quadratica
Programador: Elinei Santos
Ultima revisao24/08/2017'''
from math import sqrt
import sys
def raizes(a,b,c):
    '''funcao para determinar as raizes da funcao quadratica'''
    delta = b**2 -4.*a*c
    if (delta <0):
        print('Nao existem raizes reais !!')
        sys.exit(1)
    x1 = (-b-sqrt(delta))/2.*a
    x2 = (-b+sqrt(delta))/2.*a
    return x1,x2
c1 = eval(input('Entre com o valor de a \n'))
c2 = eval(input('Entre com o valor de b \n'))
c3 = eval(input('Entre com o valor de c \n'))
r1,r2 =raizes(c1,c2,c3)
print('A funcao: %.1f x^2+ %.1f x + %.1f = 0\n'% (c1,c2,c3))
print('Tem as raizes reais: x1 = %.2f e x2 = %.2f\n' % (r1,r2))
```

Capítulo 4 Solução numérica de equações diferenciais, vetores e matrizes com o pacote Numpy • **147**

Na sequência, mostramos a execução deste programa:

Entre com o valor de a
1
Entre com o valor de b
3
Entre com o valor de c
2
A funcao: 1.0 x^2+ 3.0 x + 2.0 = 0
Tem as raizes: x1 = -2.00 e x2 = -1.00

A função **raizes (a, b, c)** é definida com três parâmetros. No interior da função é determinado o valor de $\Delta = b^2 - 4ac$ e verificado se o mesmo é negativo. Se isto for verdade, significa que a função não possui raízes reais. O programa emite a mensagem de que não há raízes reais e retorna ao **prompt** do sistema. No caso de haver raízes reais, estas são determinadas e retornadas pelo comando **return**, note que neste caso os dois valores são retornados, para isto, basta separar os valores que se deseja retornar por vírgulas. Assim, no comando **r1, r2 = raízes (c1, c2, c3)** os valores retornados são atribuídos às variáveis **r1** e **r2**, respectivamente. Na sequência os valores das raízes são apresentados no monitor de forma formatada. Aqui a disposição dos parâmetros na definição da função é importante, pois, a chamada à função deve obedecer esta sequência de tal forma a não se obter resultados indesejados. Esta forma é a do tipo que utiliza parâmetros posicionais. Vamos apresentar um exemplo mais sofisticado a seguir.

4.7.5 Funções com parâmetros posicionais

Vamos resolver novamente a equação diferencial do pêndulo amortecido cujas equações adimensionais desacopladas são dadas pela Equação 4.8, reescritas a seguir:

$$\frac{d\theta}{dt} = y$$

$$\frac{dy}{dt} = -\gamma y - sen\theta$$

Introdução à Programação Numérica em Python

A diferença da solução numérica anterior é que vamos utilizar a estrutura de funções em Python com parâmetros posicionais. Vamos criar uma função que receba dois argumentos, esta função é:

```
def derivy(yy, x): #define a funcao derivada
    g = gama
    return (-g*yy-sin(x))
```

A função **derivy(yy, x)** é definida com os argumentos **yy** e **x**. Estes argumentos são os valores utilizados no comando **return**. A variável **g** é uma variável local que recebe o valor da constante de atrito (g). Na chamada, a função deve ser respeitada a ordem com que os parâmetros foram definidos. Esta ordem é que torna a identificação dos mesmos por Python. O uso incorreto da sequência de definição gera resultados inesperados.

```
#pendulo_funcao.py
'''Programa que integra o pendulo amortecido
através do método de Euler utilizando funcao
Programador: Elinei Santos
dte/dt = y
dy/dt = -gama*y - sen(te)
Ultima revisão: 23/08/2017'''
from pylab import *
import matplotlib.pyplot as plt
from math import pi, sqrt, cos, sin
#variaveis globais
h = 0.04 #passo de integração
tmin = 0.0
tmax = 60.
y0 = 1.5
t0 = 0.7
gama = 0.2
N = (tmax - tmin)/h
y = y0
```

Capítulo 4 Solução numérica de equações diferenciais, vetores e matrizes com o pacote Numpy • **149**

```python
te = t0
x = 0.
t = tmin
def derivy(yy, x): #define a funcao derivada
    g = gama
    return (-g*yy-sin(x))
subplot(2,1,1) #grafico na primeira coluna e primeira linha
for i in arange(1,N):
    t +=h
    te = te + y*h
    y = y + derivy(y,te)*h #chama a funcao derivada
    plot(t,te,'b.')
xlabel('tempo',fontsize=14)
ylabel('y',fontsize=14)
y = y0
te = t0
x = 0.
t = tmin
subplot(2,1,2) #grafico na primeira coluna e segunda linha
for i in arange(1,N):
    t +=h
    te = te + y*h
    y = y + derivy(y,te)*h #chama a funcao derivada
    plot(y,te,'r.')
xlabel('y',fontsize=14)
ylabel('dy/dt',fontsize=14)
show()
```

4.7.6 Funções com argumentos nomeados (*Keywords argument*)

Nos casos vistos anteriores na chamada da função os argumentos são passados para as funções na mesma ordem em que foram definidos na criação da mesma (argumentos posicionais). Podemos passar argumentos para funções sem nos preocuparmos com a ordem dos parâmetros (ou argumentos). Isto é feito quando utilizamos argu-

150 • Introdução à Programação Numérica em Python

mentos nomeados. Neste caso a ordem dos argumentos não importa, pois há uma identificação dos parâmetros e ainda podendo ter um valor default. Vamos considerar a função que determina a altura máxima de um projétil lançado com um ângulo θ e velocidade inicial v do solo. Esta altura é dada por:

$$H = \frac{v^2 sen^2\theta}{2g}.$$

O programa a seguir: *funcao_argumentonome.py* cria a função **Altura(v, te = 45.0, g =9.8)**. Esta função possui dois argumentos nomeados com valores **default**, o ângulo de lançamento (te = 45.0) e o valor da constante gravitacional (g = 9.8). Na chamada a função, o usuário pode fornecer apenas os valores da velocidade e do ângulo uma vez que o valor da aceleração da gravidade não muda. Assim, este valor não precisa ser passado na chamada à função. Note também que sendo os argumentos nomeados podemos alterar a posição dos mesmos na chamada à função. Ainda, podemos passar apenas o valor que não tem default e automaticamente Python usará os valores **default** dos outros argumentos. Estes procedimentos são mostrados no programa *função_argumentonome.py* a seguir.

```
#funcao_argumentonome.py:
'''Programa para demonstrar o uso de funcoes com argumentos
nomeados'''
from math import sin, pow,pi
def Altura(v, te = 45., g = 9.8):
    te = te*pi/180. #transforma para radiano
    H = v*v*(pow(sin(te),2.))/(2*g)
    return v,H
#uso da função com argumentos definidos na mesma sequencia e sem o
valor default
Vel,h = Altura(v = 40.,te =60.)
print("Para a velocidade = %.2f a altura alcançada é: %.2f "
%(Vel,h))
#uso da função com argumentos em posiçoes diferentes e sem o valor
default
Vel,h = Altura(te = 30.,v = 80.)
```

Capítulo 4 Solução numérica de equações diferenciais, vetores e matrizes com o pacote Numpy • **151**

```
print("Para a velocidade = %.2f a altura alcançada é: %.2f "
%(Vel,h))
#uso da função com uso de dois argumentos default
Vel, h = Altura(v=45.)
print("Para a velocidade = %.2f a altura alcançada é: %.2f "
%(Vel,h))
```

Este programa gera o seguinte resultado:

Para a velocidade = 40.00 a altura alcançada é: 61.22
Para a velocidade = 80.00 a altura alcançada é: 81.63
Para a velocidade = 45.00 a altura alcançada é: 51.66

4.7.7 Funções recursivas

Em física e Matemática há inúmeras funções especiais que possuem propriedade recursiva, ou seja, você pode obter o valor da função a partir de valores anteriores da mesma função. Podemos citar, entre outras funções com esta propriedade, os polinômios de Hermite, Languerre, Legendre, funções de Bessel, etc. Vamos exemplificar o uso de recursividade em Python, através de um problema clássico da Mecânica Quântica que usa uma das funções com recursividade, os polinômios de Hermite.

Problema: Visualizar as funções de onda e as amplitudes de probabilidade do oscilador harmônico quântico. A função de onda obtida pela solução de Schrodinger é dada abaixo:

$$\Psi_n(x) = \left(\frac{m\omega}{\pi h}\right)^{1/4} \frac{1}{\sqrt{2^n n!}} H_n(x) e^{-x^2/2}$$

Os polinômios de Hermite são bem estudados em qualquer livro de Física-Matemática, vamos citar alguns abaixo:

$$H_0(x) = 1,$$
$$H_1(x) = 2x,$$
$$H_2(x) = 4x^2 - 2,$$
$$H_3(x) = 8x^3 - 12x.$$

Os polinômios de Hermite satisfazem a seguinte equação de recorrência:

$$H_{n+1}(x) = 2xH_n(x) - 2nH_{n-1}(x) \tag{4.9}$$

Vamos tentar entender como o processo de recursão funciona na programação, utilizando o polinômio de Hermite. Primeiro de forma conceitual, para em seguida, usarmos a ideia na prática para solucionar o nosso problema. Como toda função recursiva, o polinômio de Hermite possui dois casos básicos, que são triviais de resolver, os casos em que n = 0 e n = 1. A partir destes casos bases, podemos obter qualquer polinômio de Hermite por recorrência dada pela Equação 4.9. Note, que de fato, a função só sabe resolver os casos básicos, eles são imediatos. No entanto, quando chamarmos a função para determinar um polinômio de maior grau, n ≥ 2, a função divide o problema em duas partes. Uma que ela sabe resolver e outra que não. A parte que ela não sabe deve ser semelhante ao problema original, porém, mais simples ou de menor escala, e ela volta a chamar a si mesma para resolver o problema menor (recursão). Assim, ela vai dividindo o problema até que a recursão chegue aos casos básicos. De posse dos valores dos casos básicos ela vai substituindo o valor nas funções anteriores até voltar ao problema original.

Todo problema que se resolve por funções recursivas pode ser resolvido de forma iterativa. Esta última é mais rápida. Na recursão cada chamada a função (recursivamente), gasta tempo do processador e espaço de memória, pois, em cada chamada uma nova cópia das variáveis da função é guardada na memória. No geral, a recursão só é usada em casos que não exijam tanta performance computacional, como no nosso exemplo, e que o entendimento do problema fique mais natural e perceptível com o uso da recorrência, que é o presente caso, e aqueles problemas de Física-Matemática que utilizam as relações de recorrência das **funções especiais** (Legendre, Hermite, Languerre, etc.).

Capítulo 4 Solução numérica de equações diferenciais, vetores e matrizes com o pacote Numpy • **153**

Não esqueça que todo processo de recursão deve prever o(s) caso(s) básicos para que a recorrência não fique em loop infinito. O caso básico é o critério de parada da recursão.

O programa `osciladorquan_vetor.py` calcula essas funções de onda com o cálculo da função fatorial e dos polinômios de Hermite, recursivamente é mostrado a seguir. Para geração das funções de onda consideramos o valor da constante de normalização da função de onda igual a 1, pois queremos apenas ver a forma da função de onda, ou seja, consideramos que:

$$\left(\frac{m\omega}{\pi h}\right)^{1/4} = 1$$

Na Figura 4.4, mostramos quatro funções obtidas com o uso deste programa. Note que ambas as funções que calculam o fatorial e os polinômios são implementadas na forma recursiva.

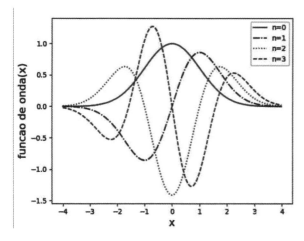

Figura 4.4 – As quatro primeiras funções de onda do estado estacionário do oscilador harmônico quântico.

```
#osciladorquan_vetor.py:
'''Programa que calcula a funcao de onda do Oscilador
harmonico quantico. Calculo do fatorial e polinomio de Hermite
recursivamente
Programador: Elinei Santos
Data da ultima revisao: 20/11/2016'''
import numpy as np
```

154 • Introdução à Programação Numérica em Python

```python
from matplotlib.pylab import *
xmax = 4.0
xmin = -4.0
numfun = 2
N = 500
h = (xmax-xmin)/N
def fat(num):    #Fatorial recursivo
    if num ==0: #caso base
        return 1
    else:
        return num*fat(num-1)
def Hermite(nn, eta): #Polinomio de Hermite recursivo
    valor = 0.0
    if nn == 0:
        valor = 1.0 #caso base
    elif nn == 1:
        valor = 2.*eta
    else:
        valor = (2.*eta*Hermite(nn-1, eta)-2.*nn*Hermite(nn-2,eta))
    return valor
def psi(n,xx):
    return (1./(np.sqrt(2.**n*fat(n)))*np.exp(-
0.5*xx**2)*Hermite(n,xx))
xlist =[i for i in arange(xmin, xmax,h)]
y1 = [psi(0,x) for x in xlist]
y2 = [psi(1,x) for x in xlist]
y3 = [psi(2,x) for x in xlist]
y4 = [psi(3,x) for x in xlist]
plot(xlist,y1,'r-',xlist, y2,'b-.',xlist,y3,'g:',xlist,y4,'m--')
legend(['n=0','n=1','n=2','n=3'])
xlabel('x',fontsize=15)
ylabel('funcao de onda(x)',fontsize=15)
show()
```

Capítulo 4   Solução numérica de equações diferenciais, vetores e matrizes com o pacote Numpy   • **155**

Exemplo: Utilizando o método de Newton-Raphson e as funções recursivas em Python, elaborar um programa que determine a raiz quadrada de qualquer número fornecido pelo usuário. O usuário deve também fornecer a precisão desejada.

Solução: O método de Newton-Raphon é um método aproximativo que determina a raiz de uma equação. Sua fórmula de recorrência é:

$$x_{i+1} = x_i - \frac{f(x_i)}{f'(x_i)}$$

Para o cálculo da raiz quadrada de qualquer número , podemos utilizar a seguinte função:

$$f(x) = x - \sqrt{n}$$

a raiz nula desta função é o valor da raiz quadrada do número. Podemos utilizar o método de Newton-Raphon para determinar esta raiz com a precisão que desejarmos. Um algoritmo básico seria:

1. Entre com o número (n) e a precisão desejada (ε)
2. Defina

$$f(x) = x^2 - n$$
$$f'(x) = 2x$$

3. Defina o valor inicial x_0

4. Faça $x_i = x_0$

5. Enquanto $\left| x_{i-1} - x_i \right| > \varepsilon$ faça:

$$x_{i+1} = x_i - \frac{f(x_i)}{f'(x_i)}$$

6. Escreva o valor de x_{i+1}

156 • Introdução à Programação Numérica em Python

O algoritmo anterior pode ser convertido em linguagem Python da seguinte forma mostrado no programa raizquadrada_newton.py a seguir.

```python
#raizquadrada.py:
'''programa que determina a raiz quadrada
de qualquer numero utilizando o metodo de Newton por recorrencia
Programador: Elinei Santos
Ultima revisao: 09/11/2016'''
import math
def raizquad(x0, n, prec):
    epsilon = prec
    x = x0 -(x0*x0-n)/(2.*x0)
    if(math.fabs(x-x0)>epsilon):
        x= raizquad(x, n, epsilon)
    return x
numero = eval(input("Entre com o numero para extrair a raiz\n "))
prec = eval(input("Entre com a precisao desejada\n"))
raiz=raizquad(1.0,numero,prec)
print("A raiz quadrada de %d e = %.4f\n" % (numero,raiz))
```

A utilização deste programa para extrair a raiz quadrada de dois com duas precisões diferentes é mostrada a seguir:

a. Raiz quadrada com precisão $\varepsilon = 0.01$
   Entre com o numero para extrair a raiz
   2
   Entre com a precisao desejada
   0.01
   A raiz quadrada de 2 e = 1.414216

b. Raiz quadrada com precisão $\varepsilon = 0.000001$
   Entre com o numero para extrair a raiz
   2
   Entre com a precisao desejada

Capítulo 4 Solução numérica de equações diferenciais, vetores e matrizes com o pacote Numpy • **157**

0.000001
A raiz quadrada de 2 e = 1.414214

4.7.8 Funções como argumentos de outras funções

Na definição de uma função em Python o parâmetro pode ser qualquer objeto, inclusive uma outra função. Essa situação ocorre, por exemplo, no cálculo numérico da primeira e segunda derivadas mostradas a seguir:

$$f'(x) \approx \frac{f(x+h) - f(x)}{h}$$

$$f''(x) \approx \frac{f(x-h) - 2f(x) + f(x+h)}{h^2},$$

onde h é um valor bem pequeno (h → 0). Implementar uma função que calcule estas derivadas numéricas em Python, para qualquer função f(x) é muito simples em Python, como mostramos a seguir. Vamos criar uma função denominada: `derivs_numerica(f, x, h=1E-5)`. Esta função tem como argumentos uma função f, uma variável x e outra h com valor default. O programa derivadas.py implementa esta função e testamos com a função:

$$f(x) = 3x^3 + 2x^2 + 2$$

```
#derivadas.py
'''Programa para determinar numericamente a primeira e segunda
derivada de uma função qualquer
Programador: Elinei Santos
Data da ultima revisão: 31/08/2017'''
from math import sin, cos, pi
def derivs_numerica(f, x, h = 1E-5):
    df = (f(x+h) -f(x))/h
    ddf = (f(x-h)-2.0*f(x)+f(x+h))/float(h*h)
    return df, ddf
def F(x):
```

```
    return 3*x**3+2*x**2+2
d1, d2 = derivs_numerica(F,0.2)
print('Primeira derivada = %.5f\n'%d1)
print('Segunda derivada = %.5f\n'%d2)
```

A execução do programa anterior gera a seguinte saída:

Primeira derivada = 1.16004

Segunda derivada = 7.60000

4.7.9 Função lambda

A função que usamos como exemplo: $3\,x^3 + 2\,x^2 + 2$ pode ser escrita numa forma mais compacta em Python denominada função Lambda. Esta permite escrever a função em um único comando em forma de expressão. A função Lambda tem a seguinte sintaxe:

```
    Nome_da_funçao = lambda param1, param2,...: expressão
```

Assim, podemos escrever:

```
    F(x) = lambda x: 3.*x**3+ 2.*x**2+2.
```

Estrutura condicional pode ser utilizada com a declaração Lambda em uma única expressão. Não é possível utilizar a estrutura de indentação com a declaração Lambda, pois esta só aceita uma única expressão. Dessa forma, é possível escrever:

```
    F = lambda t: 2.*t*3 if 0 <= t <= 2.0 else 1.0.
```

Outro exemplo:

```
#modulo de um vetor
>>> modulo = lambda x,y,z: (x**2+y**2+z**2)**.5
>>> print(modulo(1,2,3))
```

```
3.74165738677
>>> print(modulo(2,3,5))
6.16441400297
```

4.8 Vetores e Matrizes em Python – Pacote Numpy

Vamos ampliar nosso "poder de fogo" da computação numérica para integração de EDO estudando e programando métodos mais sofisticados, robustos, estáveis e eficientes computacionalmente do que o método simples de Euler. Entre estes métodos estão os métodos de Runge-Kutta, de segunda, terceira e quarta ordem. A implementação destes métodos requer um pouco mais de recursos computacionais. Além disso, para que a programação seja estruturada, permitindo que o programador tenha meios adequados de seguir o programa e corrigir possíveis erros, o uso de funções se faz necessário, assim como o uso de vetores e matrizes, que passamos a estudar.

4.8.1 Pacote numérico NumPy

O uso de matrizes e vetores amplia significativamente o poder e versatilidade que se pode ter para programar e assim resolver uma gama maior de problemas científicos, além de permitir ainda mais a estruturação de um programa.

Vetores: Um vetor é um grupo de posições consecutivas de memória que possuem o mesmo nome e o mesmo tipo de dados. Lembrando que um vetor é uma matriz unidimensional.

Diferentes de listas e tuplas, os vetores e matrizes devem ter os mesmos tipos de dados e possuem número fixo de elementos. Por outro lado, a utilização de matrizes torna o programa muito mais rápido computacionalmente, exigindo menos memória e sua utilização em métodos numéricos é toda fundamentada matematicamente. Matrizes não são partes da linguagem Python padrão. Devemos importar o pacote numérico denominado: **Numerical Python** abreviado como **NumPy**. Para a implantação do pacote, o nome utilizado por Python é **NumPy**.

NumPy permite vetorização, ou seja, uma única operação pode ser realizada numa matriz inteira sem a necessidade de loops sobre cada elemento individual da matriz.

Declaração para uso do pacote NumPy:

import numpy as np

Estrutura da declaração de vetores em Python

- Criar um vetor (do tipo float) em **n** elementos nulos:
  ```
  A = np.zeros(n)
  Exemplo:
  >>> A = np.zeros(10)
  >>> A
  array([ 0.,  0.,  0.,  0.,  0.,  0.,  0.,  0.,  0.,  0.])
  ```

- Criar um vetor com n elementos unitários definidos como do tipo inteiro:
  ```
  x = np.ones(n, dtype = int)
  Exemplo:
  >>> x = np.ones(10, dtype = int)
  >>> x
  array([1, 1, 1, 1, 1, 1, 1, 1, 1, 1])
  ```

- Criar um vetor com **n** elementos uniformemente distribuídos com valores no intervalo [a,b]:
  ```
  x = np.linspace(a, b, n)
  Exemplo:
  >>> b = np.linspace(1, 5, 10)
  >>> b
  array([ 1.,1.44444444,1.88888889,2.33333333, 2.77777778,
  3.22222222,3.66666667,4.11111111,4.55555556,5.])
  ```

- Criar um vetor a partir de uma lista arbitrária **r**:

Capítulo 4 Solução numérica de equações diferenciais, vetores e matrizes com o pacote Numpy • **161**

```
x = np.array(r)
Exemplo:
>>> import numpy as np
>>> y = [0,2,4,6,8,10,12]
>>> x = np.array(y)
>>> x
array([ 0,  2,  4,  6,  8, 10, 12])
```

- Criar um vetor com a mesma dimensão e tipos de dados de outro vetor:

```
x = np.zeros_like(y)
Exemplo:
>>> y = np.linspace(1,10,20)
>>> y
array([  1.,    1.47368421,   1.94736842,    2.42105263,
         2.89473684,   3.36842105,   3.84210526,
4.31578947,
         4.78947368,   5.26315789,   5.73684211,
6.21052632,
         6.68421053,   7.15789474,   7.63157895,
8.10526316,
         8.57894737,   9.05263158,   9.52631579,   10.
])
>>> x = np.zeros_like(y) # x tem dimensao igual a y e com
elementos reais
>>> x
array([ 0.,   0.,   0.,   0.,   0.,   0.,   0.,   0.,   0.,   0.,
0.,   0.,   0.,
         0.,   0.,   0.,   0.,   0.,   0.,   0.])
```

- Criar vetor (matriz) a partir de uma tupla:

```
Exemplo:
>>> import numpy as np
>>> x = np.array((10, 11, 12, 13, 14, 15))
>>> x
```

162 • Introdução à Programação Numérica em Python

```
array([10, 11, 12, 13, 14, 15])
>>> y = np.array([[1.,2.],[3.,4.]]) #cria matriz 2x2
>>> y
array([[ 1.,   2.],
          [ 3.,   4.]])
```

Observação:

- É importante frisar que quando o Compilador Python encontra uma declaração definindo um vetor, ele reserva uma quantidade de células de memória suficiente para atender ao [**tamanho**] do vetor.

4.8.2 Acesso aos elementos

O acesso aos elementos de um vetor é feito a partir da sua posição que é determinada pelo índice no vetor. Se um vetor possui N elementos, seus índices irão variar de 0 a N − 1. Por exemplo, seja um vetor com 4 elementos **a** = [3,7,9,11]. O primeiro e o terceiro elementos deste vetor serão: **a**[0] = 3 e **a**[2] = 9. Note que o índice do elemento no vetor é um número a menos que a posição do elemento no vetor, uma vez que todo vetor tem o primeiro índice igual a 0.

Vamos exemplificar o acesso e manipulação de vetores com dois exemplos a seguir.

Exemplo 1: Acesso a elementos de um vetor. Vamos supor que estamos interessados em calcular a média de um aluno de uma turma. No total são cinco notas que devem ser obtidas via teclado, armazenadas em um vetor, e em seguida, feito o cálculo da média. O programa é listado a seguir:

```
#media_notas.py:
'''Uso de vetores - Determinação de média de notas
Programador: Elinei Santos
Data da ultima revisão: 25/08/2017'''
import numpy as np
notas = np.zeros(5)
```

Capítulo 4 Solução numérica de equações diferenciais, vetores e matrizes com o pacote Numpy • **163**

```
media = 0.0
for i in range(5):
    nota = eval(input('Digite a nota do aluno entre 0 e 10 \n'))
    notas[i] = nota
    media += notas[i]
media /= 5.0
print("Media das notas: %.2f" %media)
```

A execução do programa media_notas.py fornecerá a seguinte saída:

Digite a nota do aluno
7
Digite a nota do aluno
8
Digite a nota do aluno
9
Digite a nota do aluno
9.6
Digite a nota do aluno
4
Media das notas: 7.52

Exemplo 2: Ordenamento de vetores. Vamos considerar o problema de fazer o ordenamento de um vetor de números inteiros em ordem crescente. Vamos utilizar o
método computacional de ordenamento chamado de **bubble sort**, ou **sinking sort,**
uma vez que os elementos menores do vetor vão sendo transpostos gradualmente para
o início do vetor (tipo bolhas d'água).

A solução do problema é feita fazendo várias passagens através do vetor. Iniciando-se
com o primeiro elemento e comparando com os demais elementos. Se na comparação
o par de elementos estiver já na ordem crescente (ou se forem iguais), não se mexe
com os elementos (ficam na mesma posição). No entanto, se o par de elementos estiver na ordem decrescente fazemos a troca dos valores no vetor. Isto é feito utilizando-
-se uma variável temporária que armazena o valor do primeiro elemento do par. O

programa a seguir implanta esta ideia para o ordenamento de um vetor:

```python
#ordenabolha.py:
'''Programa que ordena um vetor em ordem crescente
Tecnica de bubble sort ou ordenamento bolha
Prog: Elinei Santos
Data da ultima revisao: 10/12/2016'''
import numpy as np
DIM = 10
a = np.zeros(DIM)
a = [22,2,4,8,10,12,89,68,45,37]
print('Vetor nao ordenado\n')
for i in range(DIM):
    print('a[%d] = %d' % (i,a[i]))
#Passagens atraves do vetor para ordenamento
for p in range(DIM-1):
    for i in range(DIM-1):
        if a[i] > a[i+1]:
            guarda = a[i] #variavel para armazenamento
temporario
            a[i] = a[i+1] #troca elementos
            a[i+1] = guarda
print('Vetor ordenado em ordem crescente \n')
for i in range(DIM):
    print('a[%d] = %d' %(i, a[i]))
```

A execução do programa **ordenabolha.py** gera o seguinte resultado:

Vetor nao ordenado

```
a[0] = 22
a[1] = 2
a[2] = 4
a[3] = 8
```

```
a[4] = 10
a[5] = 12
a[6] = 89
a[7] = 68
a[8] = 45
a[9] = 37
```

Vetor ordenado em ordem crescente

```
a[0] = 2
a[1] = 4
a[2] = 8
a[3] = 10
a[4] = 12
a[5] = 22
a[6] = 37
a[7] = 45
a[8] = 68
a[9] = 89
```

Exemplo 3: Busca binária

A busca binária por um elemento em um vetor tem importância prática na computação em geral, seja para a busca de um dado elemento específico numérico ou a manipulação de um arquivo de dados, quando se deseja, por exemplo, encontrar um item em particular (um nome de uma pessoa, o endereço, etc.). Vamos supor que queremos verificar se existe o elemento **Nelem**, em um vetor **a**[]. O método da busca binária de um elemento em um vetor inicia ordenando o vetor em ordem crescente. Em seguida, o método busca o ponto médio do vetor ordenado e transforma este valor (inteiro) como um índice momentâneo para o vetor ordenado, digamos a[**Inmo**]. O método deve verificar se por sorte este índice não aponta para o elemento que buscamos. Se não tivermos sorte, então prosseguimos com a busca. Comparamos o elemento **Nelem**, que estamos procurando, com o elemento do meio do vetor dado por **a[Inmo]**, se ele for menor (**Nelem** < **a[Inmo]**) que este valor, significa que o elemento que buscamos está na metade inferior do vetor, assim, podemos abandonar a busca na outra metade superior. Se for maior (**Nelem** > **a[lnmo]**), significa que devemos buscar na outra metade superior e abandonar a busca na parte inferior. E continuamos dividindo o vetor restante e comparando da mesma forma até que a busca converge para o elemento desejado. Para quem conhece o método da busca das raízes de uma equação, este é o método de Newton para busca de raízes. Sua convergência é muito rápida, mesmo num vetor com um grande número de elementos, em no máximo 10 iterações o elemento é encontrado.

```python
#busca_binaria.py:
'''Programa que ordena um vetor em ordem crescente
Tecnica de bubble sort ou ordenamento bolha
Prog: Elinei Santos
Data da ultima revisao: 20/08/2017'''
import numpy as np
def buscaBinaria(b, elem, valorinferior, valorsuperior):
    while (valorinferior <= valorsuperior):
        meio = (valorinferior+valorsuperior)/2
        if(elem == b[meio]): #elemento encontrado
            return meio
        elif (elem < b[meio]):
            valorsuperior = meio-1
        else:
            valorinferior = meio +1
    return -1
DIM = 10
b = np.zeros(DIM)
a = np.zeros(DIM)
a = [2,6,4,8,10,12,89,68,45,37]
Nelem=eval(raw_input('Entre com o elemento que voce deseja
encontrar \n'))
#Ordena o vetor em ordem ascendente
for p in range(DIM-1):
    for i in range(DIM-1):
```

Capítulo 4 Solução numérica de equações diferenciais, vetores e matrizes com o pacote Numpy • **167**

```python
        if a[i] > a[i+1]:
            guarda = a[i] #variavel para armazenamento temporario
            a[i] = a[i+1] #troca
            a[i+1] = guarda
resultado = buscaBinaria(a, Nelem,0,DIM-1)
if(resultado != -1):
    print('Elemento %d encontrado na posicao %d\n' %(Nelem,
resultado))
else:
    print('Elemento nao encontrado no vetor\n')
print('Vetor ordenado em ordem crescente \n')
for i in range(DIM):
    print('a[%d] = %d\n' %(i, a[i]))
```

4.8.3 Matrizes com mais de uma dimensão

Vetores são um caso particular de matrizes. Os vetores podem ser dispostos em linhas ou colunas. No caso geral, as matrizes são um conjunto de números dispostos em linhas e colunas, como a matriz A mostrada a seguir.

$$A = \begin{pmatrix} 3 & -4 & 8 \\ 1 & 0 & -3 \\ 4 & 7 & 2 \\ 1 & 6 & 9 \end{pmatrix}$$

A matriz A é uma matriz 4x3, ou seja, possui quatro linhas e três colunas. Cada elemento dessa matriz é identificado por dois índices, um para indicar a linha e outro para indicar coluna. Um elemento genérico é identificado assim: a_{ij}, onde i é o número da linha e j o número da coluna. As linhas e colunas são contadas de 0. Por exemplo, vamos identificar alguns elementos da matriz A: $a_{00} = 3$, $a_{22} = 2$, $a_{32} = 9$.

A linguagem Python permite o uso de matrizes com mais de duas dimensões. Quanto maior a dimensão de uma matriz, maior vai ser o uso de memória. Além disso, o acesso aos membros é muito mais demorado do que o acesso de uma matriz unidimensional (vetor). Uma matriz pode ser vista como uma tabela de valores distribuídos entre linhas e colunas. Para localizar um elemento nesta tabela devemos dar o valor da linha e da coluna em que se encontra o elemento. Assim, uma matriz bidimensional possui dois índices, na forma M[i,j], onde i são os índices das linhas e j os índices das colunas.

4.8.4 Inicialização

Para iniciarmos uma matriz bidimensional M de dimensão 3x2 em Python podemos primeiro criar uma lista contendo esses elementos e em seguida transformá-la em matriz. Primeiro importamos o pacote numérico numpy e o denominamos como np. A seguir mostramos este procedimento:

```
>>> import numpy as np
>>> m = [[2,4],[6,5],[11,2]]
>>> M = np.array(m)
>>> M
array([[ 2,   4],
       [ 6,   5],
       [11,   2]])
```

Podemos verificar que a matriz M é uma matriz 3x2, isto é feito utilizando-se o comando shape:

```
>>> M.shape
(3, 2)
```

Você também pode criar uma matriz dessa forma definindo um novo tipo numérico para os elementos:

```
>>> N = np.array(m, dtype=float)
>>> N
array([[  2.,   4.],
       [  6.,   5.],
       [ 11.,   2.]])
```

Capítulo 4 Solução numérica de equações diferenciais, vetores e matrizes com o pacote Numpy • **169**

A matriz N é definida com seus elementos sendo do tipo **float**.

Ao invés de criar uma lista podemos criar diretamente a matriz com o seguinte procedimento:

```
>>> M = np.array([[2,4],[6,5],[11,2]])
>>> M
array([[ 2,   4],
       [ 6,   5],
       [11,   2]])
```

Exemplo: Dada a função gaussiana normalizada e centralizada em x=0:

$$g(x) = \frac{1}{\sigma\sqrt{2\pi}} e^{-\frac{x^2}{2\sigma^2}}$$

Criar uma matriz M(5x2) com os valores de x e o valor de g(x). Considere o desvio padrão σ =1.5.

Esta matriz é criada na sequência de comandos a seguir:

```
>>> import numpy as np
>>> posicao = [-2, -1, 0, 1, 2]
>>> gaussiana=[(1./(1.15*np.sqrt(2.*np.pi)))*np.exp(-0.5*x**2/
(1.15**2)) for x in posicao]
>>> tabela=[[x,g] for x,g in zip(posicao,gaussiana)]
>>> M = np.array(tabela)
>>> M
array([[-2.       ,  0.07645998],
       [-1.       ,  0.23769372],
       [ 0.       ,  0.34690633],
       [ 1.       ,  0.23769372],
       [ 2.       ,  0.07645998]])
>>> M.shape
(5, 2)
```

Qual a diferença entre o objeto tabela e a matriz M? Se você imprimir o valor da tabela, obterá o seguinte conjunto de dados:

```
>>> print(tabela)
[[-2, 0.076459980161726601], [-1, 0.23769372370653344],
[0, 0.34690633078385452], [1, 0.23769372370653344], [2,
0.076459980161726601]]
```

Este conjunto de dados se assemelha com a matriz M. No entanto, estes dois objetos são armazenados de forma diferente na memória. Neste exemplo a variável **tabela** refere-se a uma lista de objetos contento cinco elementos. Cada um desses objetos é uma lista com dois elementos do tipo **float**. Seus elementos são espalhados aleatoriamente na memória. No caso da matriz, M é uma variável que faz referência a um único objeto do tipo matriz e seus elementos são armazenados em sequência na memória. Portanto, o uso de matrizes é muito mais eficiente computacionalmente.

Redimensionando ou remodelando a matriz

Python permite mudar a dimensão de uma matriz ou remodelar sua estrutura com os comandos resize e reshape.

- Resize: redimensiona a matriz tendo como argumento as novas dimensões da matriz. A matriz permanece com o novo redimensionamento.

- Reshape: redimensiona a matriz tendo como argumento as novas dimensões da matriz. Nesse caso o redimensionamento é momentâneo e a matriz volta a ter a dimensão original. Veja o exemplo a seguir.

```
>>> import numpy as np
>>> A = np.random.rand(3,2)
>>> A
array([[ 0.61169041,  0.91804964],
```

Capítulo 4 Solução numérica de equações diferenciais, vetores e matrizes com o pacote Numpy • **171**

```
        [ 0.01281999,  0.46673441],
        [ 0.9535928 ,  0.85776792]])
>>> A.reshape(1,6)
array([[ 0.61169041,  0.91804964,  0.01281999,  0.46673441,
0.9535928 ,
        0.85776792]])
>>> A
array([[ 0.61169041,  0.91804964],
        [ 0.01281999,  0.46673441],
        [ 0.9535928 ,  0.85776792]])
>>> A.resize(2,3)
>>> A
array([[ 0.61169041,  0.91804964,  0.01281999],
        [ 0.46673441,  0.9535928 ,  0.85776792]])
>>> A
array([[ 0.61169041,  0.91804964,  0.01281999],
        [ 0.46673441,  0.9535928 ,  0.85776792]])
```

Vamos fazer uma aplicação prática de matrizes bidimensionais através da solução de um sistema linear pelo método numérico da eliminação de Gauss.

4.8.5 Indexação e seleção de elementos matriciais

Você pode extrair ou selecionar uma linha ou coluna inteira de elementos de uma matriz. Pode ainda selecionar parte dos elementos da matriz. Vamos mostrar em forma de exemplo os comandos que permitem estas operações. Vamos definir uma matriz A(3 x 5) e fazer operações de seleção de elementos.

* Definindo a matriz A com 3 linhas e 5 colunas:
  ```
  >>> A = np.linspace(1,15,15).reshape(3,5)
  >>> A
  array([[  1.,   2.,   3.,   4.,   5.],
  ```

172 • Introdução à Programação Numérica em Python

```
       [  6.,    7.,    8.,    9.,   10.],
       [ 11.,   12.,   13.,   14.,   15.]])
```

- Extraindo uma linha inteira de elementos:
```
>>> A[1,:]
array([  6.,    7.,    8.,    9.,   10.])
```

- Extraindo uma coluna inteira de elementos:
```
>>> A[:,3]
array([  4.,    9.,   14.])
```

- Extraindo parte de linhas e colunas:
```
>>> A[0:-1,2:]
array([[  3.,    4.,    5.],
       [  8.,    9.,   10.]])
```

- Extraindo parte de linhas e colunas:
```
>>> A[1:,:3]
array([[  6.,    7.,    8.],4
       [ 11.,   12.,   13.]])
```

4.8.6 Operações algébricas com matrizes no numpy

- Matriz transposta: troca as linhas por colunas de uma matriz $(A(j,i)=A(i,j))$
```
>>> import numpy as np
>>> M = np.linspace(1,20,20).reshape(5,4)
>>> M
array([[  1.,    2.,    3.,    4.],
       [  5.,    6.,    7.,    8.],
       [  9.,   10.,   11.,   12.],
       [ 13.,   14.,   15.,   16.],
       [ 17.,   18.,   19.,   20.]])
>>> MT = M.T
>>> MT
```

Capítulo 4 • Solução numérica de equações diferenciais, vetores e matrizes com o pacote Numpy • **173**

```
array([[  1.,    5.,    9.,   13.,   17.],
       [  2.,    6.,   10.,   14.,   18.],
       [  3.,    7.,   11.,   15.,   19.],
       [  4.,    8.,   12.,   16.,   20.]])
```

- Matriz inversa: se A for uma matriz quadrada (mesmo número de linhas e colunas nxn) e não singular, existe uma outra matriz A^{-1}, denominada inversa de A, tal que o produto das duas gere a matriz identidade:

$AA^{-1} = I$

Exemplo: seja a matriz A, a seguir, determinar sua inversa A^{-1}:

$$A = \begin{pmatrix} 1 & 0 & 0 \\ 1 & 3 & 1 \\ 1 & 2 & 0 \end{pmatrix}$$

Soluçaõ em Python:

```
>>> import numpy as np
>>> lista =[[1,0,0],[1,3,1],[1,2,0]]
>>> A = np.array(lista).reshape(3,3)
>>> A
array([[1, 0, 0],
       [1, 3, 1],
       [1, 2, 0]])
>>> np.linalg.inv(A) #inversa da matriz A
array([[ 1. ,   0. ,   0. ],
       [-0.5,   0. ,   0.5],
       [ 0.5,   1. ,  -1.5]])
```

Note que o produto da matriz original pela sua inversa, gera a matriz identidade, como mostramos a seguir:

```
>>> AI = np.linalg.inv(A)
```

174 • Introdução à Programação Numérica em Python

```
>>> AI
array([[ 1. ,   0. ,   0. ],
       [-0.5,   0. ,   0.5],
       [ 0.5,   1. ,  -1.5]])
>>> A.dot(AI)
array([[  1.00000000e+00,   0.00000000e+00,   0.00000000e+00],
       [  1.11022302e-16,   1.00000000e+00,   0.00000000e+00],
       [  0.00000000e+00,   0.00000000e+00,   1.00000000e+00]])
```

- Determinante e traço da matriz (soma dos elementos da diagonal principal). Utilizando a matriz A anterior.

```
>>> np.linalg.det(A)  #determinante da matriz
-2.0
>>> np.trace(A)      #traço da matriz
4
```

- Determinação de autovalores e autovetores:

```
>>> import numpy as np
>>> A = np.array([[2,8,10],[8,4,5],[10,5,7]])
>>> A
array([[ 2,  8, 10],
       [ 8,  4,  5],
       [10,  5,  7]])
>>> auto_valor, auto_vetor = np.linalg.eig(A)
>>> auto_valor
array([ 19.88423603,  -7.1784802 ,   0.29424417])
>>> auto_vetor
array([[ 0.5821278 ,  0.81246652, -0.03202159],
       [ 0.49599481, -0.38603272, -0.77779682],
       [ 0.64429525, -0.43689461,  0.62769955]])
```

Resolução de sistemas lineares: Resolver sistemas do tipo **Ax** = **b**, onde **A** é uma matriz e **x** e **b** são vetores.

Capítulo 4 Solução numérica de equações diferenciais, vetores e matrizes com o pacote Numpy • **175**

Exemplo: Resolver o seguinte sistema linear:

$$2x - 6y - z = -38$$
$$-3x - y + 7z = -34$$
$$-8x + y - 2z = -20$$

Este sistema pode ser colocado na seguinte forma matricial:

$$\begin{pmatrix} 2 & -6 & -1 \\ -3 & -1 & 7 \\ -8 & 1 & -2 \end{pmatrix} \begin{pmatrix} x \\ y \\ z \end{pmatrix} = \begin{pmatrix} -38 \\ -34 \\ -20 \end{pmatrix}$$

Passando a corresponder a matriz **A** e o vetor **b** para ser passado ao método: np.linalg. solve(A,b) que resolve o sistema linear, como mostramos a seguir.

```
>>> import numpy as np
>>> A = np.array([[2,-6,-1],[-3,-1,7],[-8,1,-2]])
>>> b = np.array([-38,-34,-20])
>>> np.linalg.solve(A,b)


array([ 4.,  8., -2.])
```

Assim, determinamos que os valores soluções do sistema são: x = 4, y = 8 e z = -2.

4.8.7 Método da eliminação de Gauss

Vamos considerar um circuito elétrico onde desejamos calcular a corrente que passa em cada malha. Este procedimento serve para qualquer sistema. As equações obtidas através das leis de Kirchoff, por exemplo, são dadas abaixo:

$$2i_1 - i_2 + 0i_3 = 5$$
$$-i_1 + 3i_2 - i_3 = 0$$
$$0i_1 - i_2 + i_3 = -5$$

O método da eliminação de Gauss

Este método é considerado um método direto, no sentido de que a solução é obtida através de operações algébricas nas equações. Nos métodos indiretos, é dada uma solução tentativa inicial aproximada e através de um método iterativo é buscada uma solução mais precisa.

Problema geral: Encontrar a solução de um sistema linear do tipo:

$$a_{11}x_1 + a_{12}x_2 + a_{1n}x_n = b_1$$
$$a_{21}x_1 + a_{22}x_2 + a_{2n}x_n = b_2$$
$$\dots \quad \dots \quad \dots \quad \dots \quad \dots \quad \dots \quad \dots$$
$$a_{n1}x_1 + a_{n2}x_2 + a_{nn}x_n = b_n$$

Um método direto e mais fácil de resolver este sistema é o caso em que o mesmo se apresenta como uma matriz triangular superior ou inferior, com os elementos da diagonal diferentes de zero.

4.8.8 Solução de sistema na forma Triangular Superior

Se o sistema for na forma (triangular superior):

$$a_1 x_1 + a_2 x_2 + a_3 x_3 + \dots + a_{1n}x_n = b_1$$
$$a_2 x_2 + a_3 x_3 + \dots + a_{2n}x_n = b_2$$
$$a_3 x_3 + \dots + a_{3n}x_n = b_3$$
$$\dots \quad \dots \quad \dots \quad \dots \quad \dots \quad \dots$$
$$a_n x_n = b_n$$

Podemos resolver este sistema de forma recursiva, começando da última equação para a primeira, ou seja, resolvemos a última equação,

$$x_n = \frac{b_n}{a_n}.$$

Capítulo 4 Solução numérica de equações diferenciais, vetores e matrizes com o pacote Numpy • **177**

Substituindo-se este valor na penúltima equação, obtemos o valor de x_{n-1},

$$x_{n-1} = \frac{b_{n-1} - a_{n-1,n} x_n}{a_{n-1,n-1}}.$$

Fazemos este procedimento até obter o valor de x_1

$$x_1 = \frac{b_1 - a_{12} x_2 - a_{13} x_3 - \ldots - a_{1n} x_n}{a_{11}}$$

Um algoritmo geral que soluciona um sistema triangular superior n x n do tipo Ax = b e que os elementos da diagonal da matriz A são diferentes de zero é dado abaixo:

1. Determine a última variável

$$x_n = \frac{b_n}{a_n}$$

2. Repita para m = n-1 até 1 (m = n-1, ..., 3, 2, 1)

$$x_m = \frac{b_m - \sum_{j=m+1}^{n} a_{mj} x_j}{a_{mm}}$$

3. Escreva os valores de xm.
4. Fim

A seguir apresentamos uma versão do programa em Python que implementa o algoritmo para resolver o seguinte sistema triangular superior:

$$\begin{pmatrix} 3x_1 & 2x_2 & 4x_3 \\ 0 & 1/3x_2 & 2/4x_3 \\ 0 & 0 & -8x_3 \end{pmatrix} = \begin{pmatrix} 1 \\ 5/3 \\ 2 \end{pmatrix}$$

Obs: Não se esqueça de que embora façamos um algoritmo considerando o índice do primeiro elemento de um vetor ou matriz igual a 1, em Python este elemento tem o índice 0 (zero). Assim, se você inicia um vetor com três elementos, em Python ele será: a[2], onde temos os seguintes elementos: a[0], a[1], a[2].

178 • Introdução à Programação Numérica em Python

```python
#matriztriangsuper.py:
'''Programa que resolve um sistema linear do tipo
triangular superior por regressao Ax = b
Prog: Elinei Santos
Data da ultima revisao: 17/12/2016'''
import numpy as np
DIM = 3 #Dimensao do sistema linear
N = DIM-1 #inicia o vetor com indice 0
#matriz dos coeficientes do sistema diferente de zero a[n][n]
a = np.zeros((DIM,DIM)) #cria matriz a, DIM x DIM do tipo float
a[0,0] = 3.
a[0,1] = 2.
a[0,2] = 4.
a[1,0] = 0.
a[1,1] = 1./3
a[1,2] = 2./4
a[2,0] = 0.
a[2,1] = 0.
a[2,2] = -8
#matriz do vetor b[n]
b = np.zeros(DIM)
b = [1., 5./3, 2]
#matriz do vetor solucao
sol = np.zeros(DIM)
#Solucao do sistema triangular superior-solucao retroativa
sol[N] = b[N]/a[N,N]
for m in range(N-1,-1,-1):
    temp =0
    for j in range(m+1,N+1):
        temp += a[m,j]*sol[j]
    sol[m] = (b[m]-temp)/a[m,m]
    print(sol)
```

Capítulo 4 Solução numérica de equações diferenciais, vetores e matrizes com o pacote Numpy • **179**

```
print('Solucao do sistema triangular superior\n')
for i in range(0,DIM):
    print('x[%d] = %.2f\n' %(i, sol[i]))
```

Exercício 4.1: Adapte o programa anterior: matriztriangsuper.py, para resolver o seguinte sistema linear triangular superior:

$$\begin{pmatrix} 3x_1 & 4x_2 & -5x_3 & x_4 \\ 0 & x_2 & x_3 & -2x_4 \\ 0 & 0 & 4x_3 & -5x_4 \\ 0 & 0 & 0 & 2x_4 \end{pmatrix} = \begin{pmatrix} -10 \\ -1 \\ 3 \\ 2 \end{pmatrix}$$

Exercício 4.2: Um algoritmo que resolve um sistema linear, triangular inferior, ou seja, em que os elementos acima da diagonal principal da matriz A dos coeficientes são nulos, é dado abaixo. A partir deste algoritmo, adapte o programa que soluciona o sistema triangular superior para resolver o seguinte sistema triangular inferior:

1. Determine a primeira variável

$$x_1 = \frac{b_1}{a_1}$$

2. Repita para m = 2 até n (m = 2, 3, ..., n)

$$x_m = \frac{b_m - \sum_{j=m}^{j=m-1} a_{mj} x_j}{a_{mm}}$$

3. Escreva os valores de xm
4. Fim

4.8.9 Método geral da eliminação de Gauss

O método da eliminação de Gauss aplica regras algébricas para solucionar um sistema linear completo de tal forma a transformá-lo num sistema triangular superior, onde os métodos anteriores resolvem facilmente o sistema. O método modifica o sistema original para um sistema equivalente onde a solução do sistema transformado é também solução do sistema original. As modificações algébricas que permitem a obtenção de um novo sistema equivalente, mas que deixa sua solução igual ao do sistema original são:

- trocar duas equações quaisquer do sistema;
- multiplicar uma equação por uma constante diferente de zero;
- adicionar uma equação modificada por uma constante a outra equação.

A ideia básica é transformar o sistema completo para um sistema do tipo triangular superior. Fazemos isto multiplicando um fator por todos os elementos da primeira linha de tal forma que quando somando com as linhas inferiores elimine o primeiro termo das demais linhas. Fazemos isto para o segundo termo e assim sucessivamente até que o sistema se transforme num triangular superior. Depois é só usarmos o procedimento de resolução de sistemas triangular para resolver o sistema. Vamos desenvolver um programa em Python que implementa esta ideia. Vamos testar o programa resolvendo o exemplo anterior, no qual utilizamos os pacotes numéricos do Numpy.

Exemplo: Resolver o seguinte sistema linear:

$$2x - 6y - z = - 38$$
$$- 3x - y + 7z = -34$$
$$- 8x + y - 2z = - 20$$

Este sistema pode ser colocado na seguinte forma matricial:

$$\begin{pmatrix} 2 & -6 & -1 \\ -3 & -1 & 7 \\ -8 & 1 & -2 \end{pmatrix} \begin{pmatrix} x \\ y \\ z \end{pmatrix} = \begin{pmatrix} -38 \\ -34 \\ -20 \end{pmatrix}$$

O programa `eliminação_gauss.py` implementa o método de Gauss. Deixamos como exercício a depuração e análise de todos os procedimentos matriciais utilizados no programa.

Capítulo 4 Solução numérica de equações diferenciais, vetores e matrizes com o pacote Numpy • 181

```python
#eliminacao_gauss.py:
'''Programa que resolve um sistema linear do tipo
 Ax = b pelo metodo de Gauss
Prog: Elinei Santos
Data da ultima revisao: 17/12/2016'''
import numpy as np
def eliminacao_Gauss(A):
    posto = 0
    m, n = np.shape(A)
    i = 0
    for j in range(n-1):
        p = np.argmax(abs(A[i:m,j]))
        if p>0: #troca linhas
            A[[i,p+i]] = A[[p+i,i]]
        if A[i,j] != 0:
            posto += 1
            for r in range(i+1,m):
                A[r,j:] -= (A[r,j]/A[i,j])*A[i,j:]
            i +=1
        if i > m:
            break
    return A, posto


c = np.array([[2.,-6,-1,-38],[-3.,-1,7,-34],[-8.,1,-2,-20]])
B, posto=eliminacao_Gauss(c) #a função retorna uma matriz triangular
superior colocada em B
linha,coluna = np.shape(B)
a = B[0:,:linha]
b = B[:,linha]
N = linha-1
#metodo retroativo para solucionar o sistema triangular superior
sol = np.zeros(linha)
sol[N] = b[N]/a[N,N]
for m in range(N-1,-1,-1):
```

182 • Introdução à Programação Numérica em Python

```
temp =0
for j in range(m+1,N+1):
    temp += a[m,j]*sol[j]
sol[m] = (b[m]-temp)/a[m,m]
print('Solucao do sistema linear\n')
for i in range(0,linha):
    print('x[%d] = %.2f\n' %(i, sol[i]))
```

4.9 O pêndulo caótico

Nesta seção vamos solucionar o problema geral do pêndulo amortecido e com um forçamento externo periódico. Para solucionar o problema não faremos nenhuma aproximação, dessa forma o sistema é não linear que apresenta solução caótica, como mostraremos.

Na seção anterior resolvemos o problema do pêndulo amortecido. Se acrescentarmos o forçamento periódico ao sistema de equação 4.15, obteremos o sistema com forçamento periódico do tipo cossenoidal:

$$\frac{d\theta}{dt} = y$$

$$\frac{dy}{dt} = -\gamma y - sen\theta + A\cos(\omega t).$$

Vamos introduzir uma função auxiliar z(t) = (ωt), sendo a derivada em relação ao tempo dz/dt = w. Dessa forma ficamos com um sistema de três equações diferenciais acopladas para serem resolvidas numericamente:

$$\frac{d\theta}{dt} = y$$

$$\frac{dy}{dt} = -\gamma y - sen\theta + A\cos(z)$$

$$\frac{dz}{dt} = \omega.$$

Capítulo 4 Solução numérica de equações diferenciais, vetores e matrizes com o pacote Numpy • **183**

O método de Runge-Kutta

Os problemas que tratamos até o momento foram resolvidos numericamente sem a exigência de uma grande precisão. Nosso objetivo inicial era dar uma visão rápida do processo de integração das equações diferenciais, como feito pelo método de Euler. Para resolver o pêndulo não linear e forçado, queremos ter uma precisão maior e mais profissional na nossa solução. Com este objetivo vamos estudar e implementar os métodos de Runge-Kutta que possuem muito mais precisão que o método de Euler e podem ser usados para a resolução de problemas mais sofisticados com resultados muito mais confiáveis. O método de Runge-Kutta é, na verdade, um conjunto de técnicas numéricas de passos simples usadas para solucionar EDOs de primeira ordem. No método de Euler nós utilizamos a ideia de que o valor da derivada (ou inclinação da reta que tangencia a curva no ponto), seria constante num passo de integração, ou seja, num subintervalo qualquer da função $[t_1, t_{i+1}]$, onde o passo $h = t_{i+1} - t_i$, o valor da função y_{i+1} é calculado utilizando:

$$y_{i+1} = y_i + derivada(emy_i) \, h$$

Aqui a **derivada** é uma constante.

O método de Runge-Kutta busca melhorar esta estimativa não considerando o valor da derivada um valor constante e faz isto através do cálculo da derivada em mais de um ponto no intervalo $[t_i, t_{i+1}]$. O número de pontos usados no intervalo determina a ordem do método de Runge-Kutta. Assim, o método de Runge-Kutta de segunda ordem usa dois pontos no intervalo, o de terceira ordem três pontos e o de quarta ordem, quatro pontos no intervalo. A ordem do método também está relacionada com o erro local de h^{n+1} e um erro global da ordem de h^n.

- Runge-Kutta de 2ª ordem:
    Erro global h^2, erro local h^3.

- Runge-Kutta de 3ª ordem:
    Erro global h^3, erro local h^4.

184 • Introdução à Programação Numérica em Python

- Runge-Kutta de 4ª ordem:
  Erro global h^4, erro local h^5.

Vamos listar os três métodos de Runge-Kutta, em seguida, faremos a dedução do método de segunda ordem para termos uma ideia de como os diferentes métodos são obtidos.

Método de Ruge-Kutta de segunda ordem

$$K_1 = hf(t_i, y_i);$$

$$K_2 = f(t_i + \frac{1}{2}h, y_i + \frac{1}{2}K_1);$$

$$y_{i+1} = y_i + hK_2 + O(h^3).$$

Método de Ruge-Kutta de terceira ordem

$$K_1 = hf(t_i, y_i);$$

$$K_2 = hf(t_i + \frac{1}{2}h, y_i + \frac{1}{2}K_1);$$

$$K_3 = hf(t_i + h, y_i - K_1 + 2K_2);$$

$$y_{i+1} = y_i + \frac{1}{6}(K_1 + 4K_2 + K_3) + O(h^4)$$

Método de Ruge-Kutta de quarta ordem

$$K_1 = hf(t_i, y_i);$$

$$K_2 = hf(t_i + \frac{1}{2}h, y_i + \frac{1}{2}K_1);$$

$$K_3 = hf(t_i + \frac{1}{2}h, y_i + \frac{1}{2}K_2);$$

$$K_4 = hf(t_i + h, y_i + K_3);$$

$$y_{i+1} = \frac{1}{6}(K_1 + 2K_2 + 2K_3 + K_4) + O(h^5).$$

Vamos deduzir o método de Runge-Kutta de segunda ordem para termos uma ideia de

Capítulo 4 Solução numérica de equações diferenciais, vetores e matrizes com o pacote Numpy • **185**

como os outros métodos são obtidos. Há várias formas de se obter o método, optamos por uma não tão formal, no entanto, mais esclarecedora e prática do ponto de vista da demonstração.

Considerando a E.D.O.,

$$\frac{dy(t)}{dt} = f(t, y).$$

Por integração obtemos,

$$y(t) = \int f(t, y) dt$$

Considerando para um intervalo (passo h), temos:

$$y_{i+1} = y_i + \int_{t_i}^{t_{i+1}} f(t, y) dt.$$

A aproximação é inserida expandindo-se **f** $(t \approx t_i, y \approx y_i)$ em série de Taylor entorno do ponto médio do intervalo de integração $[t_i, t_{i+1}]$:

$$f(t, y) \approx f(t_{i+1/2}, y_{i+1/2}) + (t - t_{i+1/2}) f'(t_{i+1/2}) + O(h^2)$$

Inserindo a aproximação 4.42 na equação 4.41, temos,

$$y_{i+1} = y_i + \int_{t_i}^{t_{i+1}} [f(t_{i+1/2}, y_{i+1/2}) + (t - t_{i+1/2}) f'(t_{i+1/2})^2] dt$$

Integrando esta equação, temos:

$$y_{i+1} = y_i + f(t_{i+1/2}, y_{i+1/2})(t_{i+1} - t_i) + \int_{t_i}^{t_{i+1}} (t - t_{i+1/2}) f'(t_{i+1/2}) dt$$

Vamos verificar que a última integral é nula, uma vez que **f** $'(t_{i+1/2})$ é constante na integração, assim, temos que:

$$\int_{t_i}^{t_{i+1}} (t - t_{i+1/2}) dt = \frac{1}{2}(t - t_{i+1/2})^2 \Big|_{t_i}^{t_{i+1}} = \frac{1}{2}(t_{i+1} - t_{i+1/2} - (t_i - t_{i+1/2}))^2 = \frac{1}{2}(t_{1/2} - t_{1/2})^2 = 0$$

Com esta aproximação obtemos que:

$$\int f(t,y)dt \approx f(t_{1+1/2}, y_{i+1/2})h,$$

A recorrência torna-se:

$$y_{i+1} \approx y_i + hf(t_{i+1/2}, y_{i+1/2}).$$

No entanto, temos um problema, pois, não temos o valor de $y_{i+1/2}$. O mesmo não é fornecido como condição inicial. Para determiná-lo, vamos recorrer ao método de Euler, assim temos:

$$y_{i+1/2} \approx y_i + \frac{dy}{dt}\frac{h}{2} = y_i + \frac{1}{2}hf(t_i, y_i).$$

Finalmente, obtemos o método de Runge-Kutta de 2ª ordem, onde devemos calcular a derivada da função em dois pontos. Assim, o método de Runge-Kutta de 2ª ordem pode ser escrito na forma padrão:

$$K_1 = hf(t_i, y_i);$$
$$K_2 = f(t_i + \frac{1}{2}h, y_i + \frac{1}{2}K_1);$$
$$y_{i+1} = y_i + hK_2 + O(h^3).$$

Vamos aplicar este método para a resolução da Equação de Van der Pol (1889-1959).

Equação de Van der Pol

A equação de Van der Pol foi sugerida em 1922 por Van der Pol, para modelar o funcionamento de um circuito elétrico que existia nos primeiros aparelhos de rádio. Esta equação é:

Capítulo 4 Solução numérica de equações diferenciais, vetores e matrizes com o pacote Numpy • **187**

$$\frac{d^2x}{dt^2} + \mu(x^2 - 1)\frac{dx}{dt} + x = 0,$$

onde, μ é um parâmetro positivo. Esta equação pode ser comparada a um oscilador harmônico não linear com um fator de dissipação (ou atrito) que depende da posição.

Vamos usar a técnica de transformar esta equação de segunda ordem para duas equações de primeira ordem acopladas, assim obtemos:

$$\frac{dx}{dt} = y$$

$$\frac{dy}{dt} = -\mu(x^2 - 1)y - x$$

Mostramos a seguir a implementação do método de Runge-Kutta de 2ª ordem para resolver a equação de Van der Pol. Na Figura 4.5 mostramos o retrato de fases da equação de Van der Pol. Este sistema apresenta um ciclo-limite, o que caracteriza uma oscilação autossustentada, onde as energias ganhada e dissipada se equiparam num período. Qualquer condição inicial dada ao sistema leva ao ciclo-limite, este é o atrator de todas as condições iniciais.

Para implementar o método de Runge-Kutta de segunda ordem e demais ordens, vamos utilizar as ferramentas de matrizes e a programação de funções. No caso em que temos uma só E.D.O para integrar, náo há grandes problemas, no entanto, quando se tem equações diferenciais acopladas, como a do pêndulo e da equação de Van der Pol, temos que ter um meio de fazer a integração simultaneamente. Assim, vamos criar duas funções: uma função que vamos chamar **rk2** que é o integrador de Runge-Kutta de segunda ordem e uma função **devis** onde devem ser inseridas as derivadas de primeira ordem acopladas que se deseja integrar. Para entender o programa implementado em Python, devemos primeiro fazer uma pausa para entender como trabalhar com matrizes dentro de funções em Python.

4.9.1 Listas, vetores e matrizes como argumentos de funções

Listas, vetores e matrizes podem ser passados como argumentos de funções em Python. Quando passamos estes objetos a uma função, estes podem ser modificados. Toda modificação feita nesses objetos dentro da função afetará permanentemente os mesmos. É como se os mesmos se comportassem como variáveis globais. De fato, para o Python tudo é um objeto e um mesmo objeto pode ser representado com diferentes identificadores. Quando um argumento for passado por valor, este na verdade é uma referência ao objeto e este objeto pode ter característica de ser mutável ou imutável (daí que não faz muito sentido perguntar se Python passa argumento por valor ou referência, como em C). Assim, quando uma matriz (vetor ou lista) é passada como argumento de uma função por referência isto implica que toda alteração que a função efetuar nos elementos da matriz passados como argumentos farão alterações na matriz original. Além disso, como a matriz pode suportar um grande número de dados é possível ter mais de um valor retornado numa função, o que amplia o uso de funções em Python.

Vamos aplicar estas ideias para solucionar o conjunto de equações do sistema de Van der Pol reescritas a seguir:

$$\frac{dx}{dt} = y$$

$$\frac{dy}{dt} = -\mu(x^2 - 1)y - x$$

Cada uma dessas equações deve ser integrada pelo método de Runge-Kutta-2ª (segunda ordem), ou seja, através da recorrência a seguir:

$$K_1 = hf(t_i, y_i);$$

$$K_2 = f(t_i + \frac{1}{2}h, y_i + \frac{1}{2}K_1);$$

$$y_{i+1} = y_i + hK_2 + O(h^3).$$

Capítulo 4 Solução numérica de equações diferenciais, vetores e matrizes com o pacote Numpy • **189**

Um algoritmo básico que soluciona este problema pode ser colocado assim:

1. Disponibilize o tempo de integração, tmax
2. Defina a derivada f (t,y)
3. Defina o passo de integração, h
4. Defina o parâmetro μ da equação
5. Defina as condições iniciais para t = t0 e yi = y0
6. Enquanto ti for menor que tmax, faça

Calcule:

$$K_1 = hf(t_i, y_i);$$

$$K_2 = f(t_i + \frac{1}{2}h, y_i + \frac{1}{2}K_1);$$

$$y_{i+1} = y_i + hK_2.$$

salve os valores de (ti, yi+1)
incremente o tempo t por h (ti = ti + h)
7. Fim

Note que temos que repetir este algoritmo para cada equação que queremos integrar, no caso, duas equações para o sistema de Van der Pol. E se tivermos três, quatro, cinco equações acopladas? O conceito de função aliado ao uso de vetores nos facilita implementar de forma eficiente e genérica a solução numérica de qualquer sistema com um número qualquer de equações.

Criamos a função rK2 que implementa o método de Runge-Kutta de 2ª ordem. Para tornar mais prático e genérico o algoritmo, implementamos com a ajuda de vetores, assim a função pode alterar vários valores. Na Figura 4.5, mostramos o espaço de fases da equação de Van der Pol e na Figura 4.6 as séries temporais do sistema.

```
#mpl_vanderpol.py
'''Runge-Kutta-2a. ordem -solucao para sistema de Van der Pol
Programador: Elinei Santos
Data da utima revisao: 10/04/2017
```

```
dx/dt = y
dy/dt = -mu*(x*x-1)*y-x'''
import numpy as np
import matplotlib.pyplot as plt
import math
N = 2          #/* numero de equacoes */
H = 0.04       #/* passo */
NTRANS = 1     #/* transiente */
NPT = 25000    #/* numero de pontos */
MU = 1.0
MZ = -0.5
C1 = 10.0
C2 = 1.0
h=H
m_z = MZ
m_u = MU
y = np.zeros(N)
try:
    biflog=open("vanderpol2.dat","w")
    print("Arquivo aberto!!")
except IOError:
    print("Arquivo nao pode ser aberto\n")
g=m_u       #/* parametro de controle */
y[0]=0.5    #/* valor inicial x */
y[1]=3.5    #/* valor inicial y */
T0 = 0.0    #/* tempo inicial */
t=T0
#/*-------------------------------------------------------------*/
#/* Subroutina Runge-Kutta 2a ordem */
def rk2( t, y, h, g):
    hh=h/2.0          #/* ponto medio */
    t1=np.zeros(N)    #/* armazenamento tempo */
    k1=np.zeros(N); k2=np.zeros(N)   #/* para Runge-Kutta*/
    for i in range(N):
```

Capítulo 4 Solução numérica de equações diferenciais, vetores e matrizes com o pacote Numpy • **191**

```python
        k1[i]=h*derivs(t,y,g,i)
        t1[i] = y[i]+0.5*(k1[i])
    for i in range(N):
        dt1 = t+hh
        k2[i]=h*derivs(dt1, t1, g, i)
    for i in range(N):
        y[i] += (h*k2[i])
#/*----------------------------------------------------------------*/
#/* definicao das equacoes das derivadas - Atrator de Van der Pol */
def derivs(t, y, g, i):
    if (i == 0):
        return y[1]
    elif (i == 1):
        mu=g
        return -mu*(y[0]**2-1.0)*y[1]-y[0]
stepCnt = NPT
# Valores para o grafico
xs = np.empty((stepCnt ,))
ys = np.empty((stepCnt ,))
for i in range(NTRANS): #/* eliminar o transiente */
    rk2(t, y, h, g)
    t+=h
t=0.0
for i in range(NPT): # /* gravar NPT pontos */
    rk2(t, y, h, g)
    xs[i]= y[0]
    ys[i]= y[1]
    biflog.write("%.2f \t %.2f \t %.2f \n" %(t,y[0],y[1]))
    t+=h
print("dados armazenados em vanderpol2.dat\n")
biflog.close()
plt.title("Atrator de Van der Pol ", fontsize=24)
plt.xlabel("x", fontsize=14)
plt.ylabel("y", fontsize=14)
```

```
plt.plot(xs,ys)
plt.show()
```

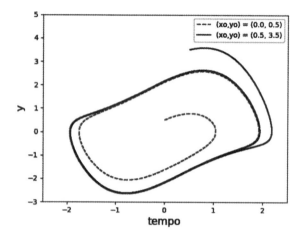

Figura 4.5 – Retrato de fase da equação de Van der Pol. Solução numérica usando o algoritmo de integração de Runge-Kutta de 2ª ordem. Toda condição inicial converge para a ciclo-limite, característico de sistema auto-sustentado.

Programa para visualizar dois arquivos de dados

A Figura 4.5 foi gerada a partir de duas condições iniciais, conforme é mostrado na legenda do gráfico. Nosso objetivo era mostrar como sistemas autorregulados possuem um atrator (região do retrato de fase, neste caso) que atrai as órbitas do sistema à medida que o tempo passa. Nesse caso temos um ciclo limite onde qualquer condição inicial deverá convergir para o mesmo. Assim, para visualizar este comportamento fizemos a simulação do programa onde mudamos as condições iniciais e também o nome do arquivo de dados. A simulação da primeira condição inicial foi armazenada no arquivo vanderpol1.dat e da segunda condição arquivo vanderpol2.dat. Estes arquivos possuem três colunas de dados. Na primeira coluna está o tempo, na segunda a variável x e na terceira a variável y. O programa plot_vanderpol.py a seguir foi utilizado para gerar a Figura 4.5.

```
#plot_vanderpol.py
'''Programa para ler dois arquivos de dados e fazer o grafico
Programador: Elinei Santos
Data da ultima revisão: 29/08/2017'''
import matplotlib.pyplot as plt
```

Capítulo 4   Solução numérica de equações diferenciais, vetores e matrizes com o pacote Numpy   •   **193**

```python
import sys
x1,y1,x2,y2,t1,t2 = [],[],[],[],[],[]
try:
    dataset = open('vanderpol1.dat','r')
    print("Arquivo aberto !!!")
except IOError:
    print("Arquivo nao existe no diretório atual \n")
    sys.exit(1)
for line  in dataset:
    line = line.strip()
    T, X, Y = line.split() #split(','), split(';')
    t1.append(T)
    x1.append(X)
    y1.append(Y)
dataset.close()
try:
    dataset = open('vanderpol2.dat','r')
    print("Arquivo aberto !!!")
except IOError:
    print("Arquivo nao existe no diretório atual \n")
    sys.exit(1)
for line  in dataset:
    line = line.strip()
    T, X, Y = line.split() #split(','), split(';')
    t2.append(T)
    x2.append(X)
    y2.append(Y)
dataset.close()
plt.xlabel("tempo", fontsize = 15)
plt.ylabel("y", fontsize = 15)
plt.plot(x1,y1,'--b',x2,y2,'-r')
plt.legend(['(xo,yo) = (0.0, 0.5)','(xo,yo) = (0.5, 3.5)'])
plt.axis([-2.5, 2.5, -3.0, 5.0])
plt.show()
```

194 • Introdução à Programação Numérica em Python

O programa a seguir `plot_vanderpol2.py` foi utilizado para fazer o gráfico da série temporal das variáveis x e y em função do tempo do sistema de Van der Pol (Figura 4.6 a seguir). Embora abrimos os dois arquivos referentes às duas condições iniciais, o gráfico gerado refere-se às variáveis do primeiro arquivo (para primeira condição inicial).

```python
#plot_vanderpol2.py
'''Programa para ler dois arquivos de dados e fazer o grafico
Programador: Elinei Santos
Data da ultima revisão: 29/08/2017'''
import matplotlib.pyplot as plt
import sys
x1,y1,x2,y2,t1,t2 = [],[],[],[],[],[]
try:
    dataset = open('vanderpol1.dat','r')
    print("Arquivo aberto !!!")
except IOError:
    print("Arquivo nao existe no diretório atual \n")
    sys.exit(1)
for line  in dataset:
    line = line.strip()
    T, X, Y = line.split() #split(','), split(';')
    t1.append(float(T))
    x1.append(float(X))
    y1.append(float(Y))
dataset.close()
try:
    dataset = open('vanderpol2.dat','r')
    print("Arquivo aberto !!!")
except IOError:
    print("Arquivo nao existe no diretório atual \n")
    sys.exit(1)
for line  in dataset:
    line = line.strip()
```

```
    T, X, Y = line.split() #split(','), split(';')
    t2.append(float(T))
    x2.append(float(X))
    y2.append(float(Y))
dataset.close()
plt.xlabel("tempo", fontsize = 15)
plt.ylabel("variaveis", fontsize = 15)
plt.plot(t1,x1,'--r',t1,y1,'-b')
plt.legend(['x','y'])
plt.axis([0.0, 1000.0, -3.0, 3.0])
plt.show()
```

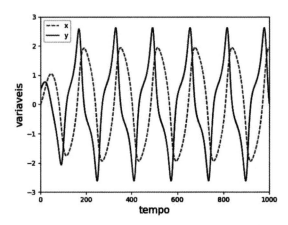

Figura 4.6 – As duas séries temporais das variáveis da equação de Van der Pol. Solução numérica usando o algoritmo de integração de Runge-Kutta de 2ª ordem.

4.9.2 Solução numérica do pêndulo amortecido e forçado

A equação completa do pêndulo amortecido e forçado, reescrita abaixo, é integrada utilizando-se o método de Ruge-Kutta de 4ª ordem com um passo de integração h = 0,04. A seguir, no programa mpl_pendulofor.py mostramos a listagem deste programa em Python. Este programa pode ser usado para integrar qualquer sistema acoplado de equações diferenciais, basta alterar o número de equações N, que neste caso, é igual a 3. Você também deve alterar as derivadas que descrevem o novo sistema a ser integrado e modificar ou criar variáveis ou constantes referentes ao novo modelo que você deseja integrar.

$$\frac{d\theta}{dt} = y$$

$$\frac{dy}{dt} = -\gamma y - sen\theta + Acos(z)$$

$$\frac{dz}{dt} = \omega.$$

O algoritmo básico que implementa a solução numérica utilizando o método de Runge--Kutta de 4ª ordem pode ser escrito como:

1. Disponibilize o tempo de integração, tmax
2. Defina a derivada f (t,y), dado pelo conjunto de equações anteriores
3. Defina o passo de integração, h
4. Defina o parâmetro m da equação
5. Defina as condições iniciais para ti = t0 e yi = y0
6. Enquanto ti for menor que tmax, faça
Calcule:

$$K_1 = hf(t_i, y_i);$$

$$K_2 = hf(t_i + \frac{1}{2}h, y_i + \frac{1}{2}K_1);$$

$$K_3 = hf(t_i + \frac{1}{2}h, y_i + \frac{1}{2}K_2);$$

$$K_4 = hf(t_i + h, y_i + K_3);$$

$$y_{i+1} = \frac{1}{6}(K_1 + 2K_2 + 2K_3 + K_4) + O(h^5)$$

Salve os valores de ti e yi+1
Incremente os valores de t por h (ti = ti + h)

7. Fim

Na Figura 4.7 mostramos o espaço de fase (retrato de fase) do pêndulo com comportamento caótico. Para relembrar, o espaço de fase de um pêndulo simples, sem atrito, é um círculo (não há dissipação), o espaço de fase de um pêndulo amortecido, como

Capítulo 4 Solução numérica de equações diferenciais, vetores e matrizes com o pacote Numpy • **197**

vimos e mostrado na Figura 4.2 é uma espiral decrescente. Note que para o pêndulo caótico o espaço de fase é algo novo, inusitado, com comportamento imprevisível denominado **atrator estranho** e caótico.

$$\frac{d\theta}{dt} = y$$

$$\frac{dy}{dt} = -\gamma y - sen\theta + A cos(z)$$

$$\frac{dz}{dt} = \omega.$$

```
#mpl_pendulofor.py
'''Runge-Kutta 4a. ordem solucao pendulo forcado
referencia: Tese Elinei/IF.USP (2001)
data da ultima revisao: 29/08/2018
Programador: Elinei Santos
dx/dt = y
dy/dt = -gama*y-sen(x)+A cos(z)
dz/dt = w'''
import numpy as np
import matplotlib.pyplot as plt
import math
N = 3         #/* numero de equacoes */
H = 0.04      #/* passo */
NTRANS = 2000  #/* transiente */
NPT = 10000     #/* numero de pontos */
WD = 2./3
Q = 0.5
h=H
wd = WD
q = Q
y = np.zeros(N)
try:
    arqpendulo=open("pendulo.dat","w")
```

198 • Introdução à Programação Numérica em Python

```python
    print("Arquivo aberto!!")
except IOError:
    print("File % can't be opened\n")
g=1.17     #/* parametro de controle */
y[0]=.12   #/* valor inicial teta */
y[1]=.20   #/* valor inicial omega */
y[2]=0.845 #/* valor inicial z */
T0 = 0.0   #/* tempo inicial */
t=T0
#/* Subroutina Runge-Kutta 4a ordem */
def rk4( t, y, h, g):
    hh=h/2.0 # /* ponto medio */
    t1=np.zeros(N); t2=np.zeros(N); t3=np.zeros(N)#/* armazenamento
tempo */
    k1=np.zeros(N); k2=np.zeros(N) #/* para Runge-Kutta*/
    k3=np.zeros(N); k4=np.zeros(N) #/* para Runge-Kutta */
    for i in range(N):
        k1[i]=h*derivs(t,y,g,i)
        t1[i] = y[i]+0.5*(k1[i])
    for i in range(N):
        dt1 = t+hh
        k2[i]=h*derivs(dt1, t1, g, i)
        t2[i] = y[i]+0.5*(k2[i])
    for i in range(N):
        dt1 = t+hh
        k3[i]=h*derivs(dt1, t2, g, i)
        t3[i] = y[i]+ (k3[i])
    for i in range(N):
        dt2 = t+h
        k4[i] = h*derivs(dt2, t3, g, i)
    for i in range(N):
        y[i] += (k1[i]+2.0*k2[i]+2.0*k3[i]+k4[i])/6.0
#/*------------------------------------------------------------*/
#/* definicao das equacoes das derivadas - Pendulo amortecido e
```

Capítulo 4 Solução numérica de equações diferenciais, vetores e matrizes com o pacote Numpy • 199

```python
forçado */
def derivs(t, y, g, i):
    if(np.fabs(y[0])> np.pi): y[0] = y[0] -2.*np.pi*np.fabs(y[0])/y[0]
    if (i == 0):
        return y[1]
    elif (i == 1):
        return -q*y[1]-np.sin(y[0])+g*np.cos(y[2])
    elif (i == 2):
        return wd
stepCnt = NPT
# Valores para o grafico
xs = np.empty(stepCnt)
ys = np.empty(stepCnt)
zs = np.empty(stepCnt)
ts = np.empty(stepCnt)
for i in range(NTRANS): #/* eliminar o transiente */
    rk4(t, y, h, g)
    t+=h
t=0.0
for i in range(NPT): # /* gravar NPT pontos em arquivo*/
    rk4(t, y, h, g)
    xs[i]= y[0]
    ys[i]= y[1]
    zs[i]= y[2]
    ts[i]= t
    arqpendulo.write('%.2f \t %.2f \t %.2f \t %.2f\n'
%(t,y[0],y[1],y[2]))
    t+=h
print("dados armazenados em pendulo.dat\n")
arqpendulo.close()
#gerar grafico no video, primeira coluna, primeira linha
plt.subplot(2,1,1)
#plt.title("Atrator do pendulo forcado", fontsize=24)
```

```python
pylab.xlabel(r'$\theta$', fontsize=14)
pylab.ylabel(r'$\omega$', fontsize=14)
plt.plot(xs,ys,'.b')
plt.axis([-3., 3, -3.1, 3.1])
plt.text(-2.5,2,'a)',fontsize=14)
#gerar grafico no video, primeira coluna, segunda linha
plt.subplot(2,1,2)
plt.xlabel("tempo", fontsize=14)
plt.ylabel(r'$\theta$')
plt.plot(ts,xs,'-r')
plt.axis([0., 400., -4.0,4.0])
plt.text(36.,3.2,'b)',fontsize=14)
plt.show()
```

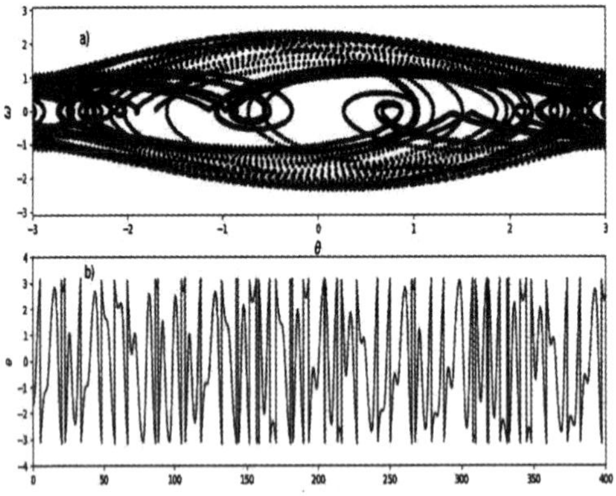

Figura 4.7 – a) Retrato de fase do pêndulo caótico (q x w). b) Série temporal de q (t). Solução numérica usando o algoritmo de integração de Runge-Kutta 4ª ordem.

4.9.3 Inserindo símbolos e estruturas matemáticas do Latex nos gráficos em Python

Na versão atual, versão do Python, uma vez importado o módulo matplotlib é possível utilizar nos gráficos gerados textos e símbolos matemáticos com a estrutura e sintaxe do Latex, como fizemos para colocar os símbolos de θ e ω no gráfico do pêndulo forçado e amortecido. No caso de você utilizar apenas o módulo pylab, você deve importar o módulo pylab da seguinte forma:

Capítulo 4 Solução numérica de equações diferenciais, vetores e matrizes com o pacote Numpy • **201**

```
import pylab
pylab.rc('text', usetex = True)
```

Para prevenir que o comando em Latex não seja confundido com os caracteres de escape que utilizam a barra invertida como os comandos do Latex (por exemplo, escape de nova linha \n e comando em Latex para gerar uma letra grega \lambda) é necessário inserir antes dos comandos em Latex a string r, como fizemos:

```
pylab.xlabel(r'$\theta$', fontsize=14)
pylab.ylabel(r'$\omega$', fontsize=14)
```

Exemplo: Para personalizar o gráfico das funções de onda do oscilador harmônico quântico visto anteriormente, você deve fazer somente as seguintes alterações no programa: osciladorquan_vetor.py.

```
ylabel(r'$\psi_n(x)$',fontsize=15)
title(r'$fun\c c\~ao\, de\, onda: \frac{1}{\sqrt{2^n n!}}H_n(x)
e^{-x^2/2}$')
```

Estas alterações vão permitir utilizar a sintaxe do Latex para gerar o gráfico com símbolos e fórmulas como se tivessem sido escritas em Latex. Este gráfico com as novas alterações é mostrado na Figura 4.8, a seguir.

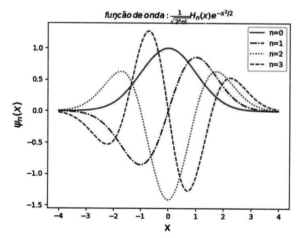

Figura 4.8 – As quatro primeiras funções de onda do estado estacionário do oscilador harmônico quântico. Os textos do título e do eixo vertical foram escritos no formato Latex.

4.9.4 Exercícios

1. Implemente um programa em Python que crie a seguinte função:

$$f(t) = Ae^{-\gamma t}cos(\omega t + \theta).$$

Esta função deve ter como valores default: Υ= 0,2, θ = π/4 e ω =1,2rad/s. O valor da amplitude A deve ser um parâmetro posicional inserido necessariamente pelo usuário. Faça um gráfico para t=0 a t =50 chamando esta função a cada tempo.

2. A sequência de Fibonacci é uma função matemática definida recursivamente e tem a seguinte definição: 0, 1, 1, 2, 3, 5, 8, 13, ..., ou seja, os primeiros números são 0 e 1, e os outros termos são obtidos pela soma dos dois termos anteriores. Elabore um programa que solicite ao usuário um número inteiro e imprima no monitor a sequência de Fibonacci até este número. Utilize o método de função recursiva.

3. Elabore um programa em Python que implemente o algoritmo a seguir. Este algoritmo determina o produto de duas matrizes bidimensionais A e B. Este produto gera uma nova matriz C cujos elementos são gerados a partir do produto dos elementos das linhas da matriz A multiplicados pelos elementos das colunas de B, ou seja:

$$c(i, j) = \sum_{k=0}^{N} a(i, k)b(k, j)$$

Onde N é o número de colunas da matriz A.

Lembre-se o número de colunas de A deve ser igual ao número de linhas de B para que possamos multiplicar as matrizes.

1. Defina:
   N_de_linhaA
   N_de_colunaA
   N_de_linhaB

Capítulo 4 Solução numérica de equações diferenciais, vetores e matrizes com o pacote Numpy • **203**

       N_de_colunaB

2. Vefirique se é possível fazer a multiplicação matricial
   Se N_de_linhaA for diferente de N_de_colunaB:
         Imprima (matrizes não podem ser multiplicadas)
         Sair do programa

3. Definir matriz A(N_de_linhaA x N_de_colunaA) e matriz B(N_de_linhaB x N_de_colunaB)
4. Defir a dimensão da matriz C = C(N_de_linhaA x N_de_colunaB)
5. Repita para i=0 até N_de_linhaA-1 com i = i+1
         Repita para j = 0 até N_de_colunaB-1 com j = j +1
             c(i,j) =0

             Repita para k =0 até N_de_colunaA-1 com k = k+1
               c(i,j) = c(i,j) + a(i,k) * b(k,j)

             Fim da repetição em k
         Fim da repetição em j

Fim da repetição em i
6. Imprima a matriz C

4. Para uma partícula de massa m restrita a se movimentar em um aro de raio a. O aro gira com velocidade angular w constante em torno do eixo vertical de simetria. Há um atrito proporcional à velocidade da partícula, sendo b a constante de proporcionalidade. A equação de movimento é dada por:

$$ma\frac{d^2\theta}{dt^2} + b\frac{d\theta}{dt} + mg(sen\theta) - ma\omega^2(sen\theta)(cos\theta) = 0$$

a. Transforme esta equação na forma adimensional, conforme mostrado no capítulo texto.

b. Utilize o método de Ruge-Kutta de 2ª e 3ª ordem e integre esta equação numericamente fazendo o gráfico do espaço de fase para vários valores do passo h.

5. Modifique o programa que resolve a equação de Van der Pol utilizando o método de Runge-Kutta de 2ª ordem para o método de Runge-Kutta de 3ª ordem.

6. Considere a equação de Duffing escrita a seguir:

$$\frac{d^2x}{dt^2} + (a + bx^2)\frac{dx}{dt} + x - cx^3 = 0$$

a. Transforme este sistema em duas equações diferenciais de primeira ordem e resolva numericamente esta equação esboçando o retrato de fases desse sistema, considere c = 1, a = 0 e b = 0.

b. Resolva o sistema numericamente e elabore o retrato de fases considerando a = 1, b = -1 e c = -1. Tente fazer um retrato de fases com pelo menos 4 condições iniciais (duas grandes e duas próximas da origem), assim você poderá encontrar um ciclo limite, como o do sistema de Van der Pol.

c. Considere a equação de Duffing modificada com um forçamento externo, ou seja,

$$\frac{d^2x}{dt^2} + (a + bx^2)\frac{dx}{dt} + x - cx^3 = Fcos(\omega t)$$

Determine numericamente a solução deste sistema, considerando a = 0,08 e F = 0,20 a partir da condição inicial $x_0 = 0$ e $y_0 = 0$. Compare com a solução obtida para $x_0 = 3,0$ e $y_0 = 3,0$.

7. Adapte o programa de recursão que determina a função de onda do oscilador harmônico quântico e determine a função de densidade de probabilidade ($\| Y(x) \|^2$) destas funções. Faça um gráfico com estas densidades.

8. Um minissistema solar: Considere um modelo de um sistema solar bi-dimensional

Capítulo 4 Solução numérica de equações diferenciais, vetores e matrizes com o pacote Numpy • **205**

(no plano) com dois planetas em órbita entorno do Sol. As equações de movimento dos dois planetas de massas m_1 e m_2 podem ser escritas na forma vetorial como:

$$m_1 \frac{d^2 r_1}{dt^2} = -\frac{GMm_1}{r_1^3} r_1 + \frac{Gm_2 m_2}{r_{21}^3} r_{21}$$

$$m_2 \frac{d^2 r_2}{dt^2} = -\frac{GMm_2}{r_2^3} r_2 - \frac{Gm_2 m_2}{r_2^3} r_{21}$$

onde r_1 e r_2 apontam do Sol para os planetas 1 e 2, respectivamente e $r_{21} = r_2 - r_1$, é o vetor do planeta 1 para o planeta 2. Resolva numericamente este sistema e faça um gráfico das órbitas destes planetas.

9. Determine as equações de movimento de um pêndulo duplo e utilizando o método de Runge-Kutta de 4ª ordem obtenha o espaço de fases para os dois pêndulos sem aproximação linear.

10. Considere o modelo de Lotka-Volterra (modelo predador-presa). O modelo considera a interação entre duas espécies, uma população de predadores (y(t)) e uma população de presas (x(t)). A presa teria um crescimento Malthusiano (px), onde p é o potencial biótico de crescimento, porém sua população diminui a uma taxa q em cada encontro com a população de predadores (-qxy). O predador cresce a uma taxa r a cada encontro com as presas (rxy) e tem uma taxa de mortalidade por qualquer natureza (-sy). Este modelo é expesso pelo sistema de equações diferenciais de primeira ordem a seguir:

$$\frac{dx}{dt} = px - qxy$$

$$\frac{dy}{dt} = rxy - sy$$

Elabore um programa em Python que utilize o método de Runge-Kutta de segunda ordem para modelar o sistema predador-presa com os seguintes parâmetros: x(0)=105, y(0) = 8, p=0,4, q = 0,04, r = 0,02 e s = 2,0. Faça gráficos de y(t) versus x(t) e de y(t) e x(t) em função do tempo.

206 • Introdução à Programação Numérica em Python

11. Implemente em Python o seguinte algoritmo do método de bisseção. Este método trabalha para qualquer função f(x) que muda de sinal (em qualquer direção) entre dois valores a e b, os quais devem ser fornecidos pelo usuário.

1. Entre com os valores de a, b e o erro E
2. Defina a funçao f(x)
3. Inicialize xE e xD, n = 1
4. Faça enquanto n > log(|a-b|/E)/log(2), onde log (log neperiano)
   xm =(xE + xD)/2
   Se f(xE)f(xD) > 0 então:
      Faça xE = xm
   Senão:
      Faça xD = xm
   n = n+1
5. Imprima a raiz (xm)

Capítulo 5

Integração numérica

Neste capítulo iniciamos a aplicação da linguagem Python para implementar algoritmos numéricos que resolvem integrais. Abordaremos os seguintes métodos numéricos: método do retângulo, método do ponto central, método trapezoidal, método de Simpson e o método de Monte Carlos.

5.1 Métodos de Integração Numérica

Existem vários métodos de Integração numérica. Estes métodos têm na estrutura de sua definição a ideia básica de interpretação geométrica da integral analítica a qual representa a área sob a curva no intervalo considerado. O método mais simples consiste em dividir o intervalo em espaços iguais, gerando pequenos retângulos. A ideia é então somar a área de todos os retângulos gerados, assim a soma dessas áreas irá se aproximar da área analítica quanto menor for o espaçamento entre os retângulos. Numa função qualquer, a ideia do retângulo pode superestimar o valor da área da função, quando o retângulo passa por cima da função, ou pode subestimar, quando o retângulo passa por baixo da função (ver Figura 5.1). Neste livro vamos abordar os seguintes métodos numéricos, cada um com implementações que visam eliminar o erro por superestimação ou subestimação.

- Método do retângulo

$$I(f) = \int_a^b f(x)dx \approx h\sum_{i=1}^{N} f(x_i)$$

- Método do ponto central

$$I(f) = \int_a^b f(x)dx \approx h\sum_{i=1}^{N} f\left(\frac{a+b}{2}\right)$$

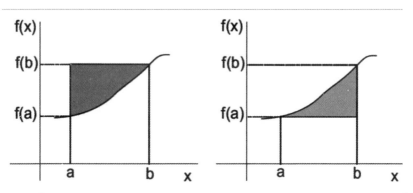

Figura 5.1 – Área do retângulo acima da curva: (b - a)f(b) superestimando a área (figura à esquerda). Área retângulo abaixo da curva (b - a)f(a) subestimando a área. A parte hachurada representa o quanto da área é superestimada ou subestimada, respectivamente, com a aproximação retangular.

- Método trapezoidal simples

$$I(f) = \int_a^b f(x)dx \approx \frac{[f(a)+f(b)]}{2}(b-a)$$

- Método trapezoidal composto

$$I(f) = \int_a^b f(x)dx \approx \frac{h}{2}[f(a)+f(b)] + h\sum_{i=1}^{N} f(x_i)$$

- Método de Simpson 1/3

$$I(f) = \int_a^b f(x)dx \approx \frac{h}{3}\left[f(a) + 4\sum_{i}^{N} f\left(x+\frac{h}{2}\right) + f(b)\right]$$

- Método de Simpson 1/3 composto

$$I(f) = \int_a^b f(x)dx \approx \frac{h}{3}\left[f(a) + 4\sum_{i=1}^{n/2} f(a+(2i-1)h) + 2\sum_{i=1}^{n/2-1} f(a+2ih) + f(b)\right]$$

O número de subintervalo (n) no intervalo [a, b] deve ser um número par.

5.1.1 O método do Retângulo

Como o nome indica, o método consiste em aproximar a área embaixo da curva, ou seja, a integral no intervalo, pela área do retângulo formado pela largura do intervalo e o valor da função, considerada constante durante todo o intervalo, sendo assim a altura do retângulo. Considere a integral no intervalo [a, b], a integral aproximada da função $f(x)$ neste intervalo é dada por:

$$I(f) = \int_a^b f(a)dx \approx f(a)(b-a) = hf(a)$$

onde h = b-a é o espaçamento ou subintervalo discreto que separa os pontos **a** e **b**, ver Figura 5.2. Podemos considerar ainda o valor da função no ponto final **b**, a integral é então calculada por:

$$I(f) = \int_a^b f(b)dx \approx f(b)(b-a) = hf(b)$$

No primeiro caso, utilizando-se o valor da função no primeiro ponto $f(a)$ temos que o valor da área sob a curva é subestimado, pois, a área do retângulo formado é menor que o valor da área que queremos. No segundo caso, utilizando-se o valor da função no segundo ponto $f(b)$ o valor da área é superestimado, pois, neste caso a área do retângulo é maior que a área abaixo da curva. Você logo teria uma solução razoável, utilizar o valor médio da função entre a e b, ou seja, $f((a+b)/2)$, esta solução é feita no método do ponto central, dado pela equação:

$$I(f) = \int_a^b f(x)dx \approx h\sum_{i=1}^{N} f\left(\frac{a+b}{2}\right)$$

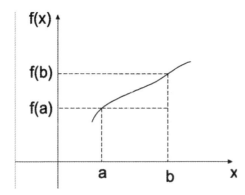

Figura 5.2 – Método do retângulo, a aproximação considera a área embaixo da curva dada pela área do retângulo de largura (b - a) e altura f (a) ou f (b).

5.1.2 O método do trapézio

Vamos considerar o cálculo da integral

$$\int_a^b f(x)dx.$$

O método considera o uso de **f** (x) em valores de x igualmente espaçados, passo h. São utilizados N pontos x_i (i = 1, ..., N) no intervalo [a, b], incluindo os pontos extremos, ou seja, há N – 1 intervalos de largura h.

$$h = \frac{b-a}{N-1}$$

$$x_i = a + (i-1)h, \quad i = 1,...,N.$$

Como começamos nossa contagem de 1, o método considera **um número ímpar de pontos** N. Na sequência, vamos utilizar a notação simplificada $\mathbf{f}_i = \mathbf{f}(x_i)$.

A ideia básica é considerar a aproximação da curva em cada intervalo como a área de um trapézio de largura h. A área de um único trapézio é

$$A = \frac{1}{2}(x_{i+1} - x_i)(f_{i+1} + f_i) = \frac{h(f_{i+1} + f_i)}{2}$$

A integral no intervalo é dada pela soma das áreas dos trapézios,

$$\int_a^b f(x)dx \approx A_1 + A_2 + \dots + A_{N-1}.$$

Para pontos igualmente espaçados, a equação geral da integral será

$$\int_a^b f(x)dx \approx \frac{h}{2}f_1 + hf_2 + hf_3 + \dots + hf_{N-1} + \frac{h}{2}f_N.$$

Note que como cada ponto no intervalo é contado duas vezes, eles possuem um peso h, enquanto os pontos extremos são contados uma única vez, eles têm peso h/2.

O método pode então ser escrito na forma simplificada e sucinta como:

$$\int_a^b f(x)dx \approx \frac{h}{2}(f_1 + f_N) + h\sum_{i=2}^{N-1} f_i.$$

onde $f_1 = f(a)$ e $f_N = f(b)$, ou seja, os valores extremos da função no intervalo.

Lembrando mais uma vez que N deve ser um valor ímpar. O valor de f_i é calculado para os pontos $x_i = a + (i-1)h$, onde i varia de i = 2 a i = N-1.

Esta integral também pode ser reescrita para integração numérica na seguinte forma alternativa:

$$\int_a^b f(x)dx \approx \frac{h}{2}(f(a) + f(b)) + h\sum_{i=2}^{N-1} f_i.$$

Sendo agora a = a +ih de tal forma que f_i =f(a +ih),e o valor de i =1,2,...,N-1. As duas formas são equivalentes, sendo apenas escritas de forma diferente na recorrência.

Exemplo: Calcular o valor numérico da integral da função: (3/2 sen³ (x)). O valor desta integral pode ser determinado analiticamente tendo um valor igual a 2. Queremos determinar numericamente:

$$\int_0^\pi \frac{3}{2}sen^3(x)dx$$

212 • Introdução à Programação Numérica em Python

Solução: Vamos utilizar o método do trapézio composto para solucionar este problema. O algoritmo básico é dado a seguir:

1. Definir a função a ser integrada f (x)
2. Entrar com os limites da integração a e b
3. Entrar com o número ímpar de pontos N
4. Definir a função trapézio (valor inicial, valor final, N)
   Início da função

   Calcular o valor do passo

   $$h = \frac{b-a}{N-1}$$

   Calcular

   $$soma = (f(a) + f(b)) / 2$$

   Faça para i = 2 até i = N-1

   $$soma = soma + f(a+(i-1)h)$$

   Retornar o valor da soma
   Fim da função

5. Imprimir o valor retornado da função trapézio.

O algoritimo anterior e implementado no programa integra_trapezio.py a seguir.

```python
#integra_trapezio.py
'''Metodo do trapezio para integração
Programador: Elinei Santos
Data da ultima revisão:03/09/2017'''
from numpy import *
def funcao(x):
    return (3./2)*pow(sin(x),3.0)
def trapezio(a, b, N):
    h = (b-a)/(N-1) #passo da integração
```

Capítulo 5   Integração numérica • **213**

```python
    soma = (funcao(a)+funcao(b))/2 # valores extremos da funcao
    for i in range(2, N-1):
        soma += funcao(a+(i-1)*h)
    return h*soma
a = 0.
b = pi
N = 1201 #numero impar de pontos
print(trapezio(a,b,N))
```

Podemos verificar a dependência da aproximação numérica com o argumento do valor do número de subintervalos N. Reutilizamos o programa anterior e implementamos o programa *trapezioerro.py* que chama a função trapézio em um laço for variando o número de intervalos N.

```python
#trapezio_erro.py
'''Determina o erro no etodo do trapezio para integração
Programador: Elinei Santos
Data da ultima revisão:03/09/2017'''
from numpy import *
def funcao(x):
    return (3./2)*pow(sin(x),3.0)
def trapezio(a, b, N):
    h = (b-a)/(N-1) #passo da integração
    soma = (funcao(a)+funcao(b))/2 # valores extremos da funcao
    for i in range(2, N-1):
        soma += funcao(a+(i-1)*h)
    return h*soma
a = 0.
b = pi
for N in 5, 11, 51, 101, 501, 1001: #Numeros impar de pontos
    aprox = trapezio(a, b, N)
    print('N = %3d, valor_aprox = %18.15f, erro = %9.2E '%\
          (N, aprox, 2-aprox))
```

214 • Introdução à Programação Numérica em Python

O programa *trapezio_erro.py* gera o seguinte resultado:

```
N =    5, valor_aprox =  1.594617520548519, erro =   4.05E-01
N =   11, valor_aprox =  1.986343825027498, erro =   1.37E-02
N =   51, valor_aprox =  1.999977057928317, erro =   2.29E-05
N =  101, valor_aprox =  1.999998563942519, erro =   1.44E-06
N =  501, valor_aprox =  1.999999997701192, erro =   2.30E-09
N = 1001, valor_aprox =  1.999999999856323, erro =   1.44E-10
```

podemos notar que a aproximação melhora e o erro diminui à medida que o valor de N aumenta.

Exemplo: Uma partícula de massa m = 0,5kg iniciando seu movimento com uma velocidade inicial de 2m/s e submetida a uma força dada por:

$$F(t) = F_0 e^{-\gamma t} cos(\omega t + \theta)$$

em que F_0=1.0 N é a amplitude da força, θ =π/6 é o ângulo de fase, ω = 1,2rad/s é a frequência angular e Υ = 0,2 é um fator de amortecimento. A velocidade da partícula em um intervalo de tempo pode ser determinada a partir da integral:

$$v = v_0 + \frac{F_0}{m} \int_0^t e^{-\gamma t} cos(\omega t + \theta) dt$$

Utilizando o método do trapézio para resolver integrais numericamente determine 20 valores da velocidade entre os tempos t = 0 e t = 20 s. Faça um gráfico t x v.

Solução: uma vez implementado o método numérico, só temos que utilizá-lo para calcular a integral. Vamos dividir o tempo de 20s em 40 valores começando de t = 0 e acrescentando 0,5s cada vez que realizarmos a integração. Ou seja, criamos um processo de recorrência onde cada nova velocidade depende do cálculo numérico da velocidade anterior:

$$v_{i+1} = v_i + \frac{F_0}{m} \int_{t_i}^{t_{i+1}} e^{-\gamma t} cos(\omega t + \theta) dt$$

o intervalo de integração será feito em t_{i+1}-t_i=0,5s com N = 11 passos. Utilizamos poucos passos, pois o intervalo de tempo é pequeno para cada integração. O programa *velocidade_trapezio.py* implementa esta ideia. No gráfico mostrado na Figura 5.3 mostramos o comportamento da velocidade calculada numericamente em cada tempo.

```python
#velocidade_trapezio.py
'''Metodo do trapezio para integração
Programador: Elinei Santos
Data da ultima revisão:03/09/2017'''
from numpy import *
import matplotlib.pyplot as plt
def funcao(t):
    return ((1./0.5)*exp(-0.2*t)*cos(1.2*t+pi/6))
def trapezio(a, b, N):
    h = (b-a)/(N-1) #passo da integração
    soma = (funcao(a)+funcao(b))/2 # valores extremos da funcao
    for i in range(2, N-1):
        soma += funcao(a+(i-1)*h)
    return h*soma
a = 0.
b = pi
N = 11 #numero impar de pontos
van = 2.0
tan = 0.
for i in arange(40):
    t = tan +0.5
    v = van + trapezio(tan,t,N)
    print(v)
    van = v
    tan = t
    print(t)
    plt.scatter(t,v, color='r',s=10)
```

```
plt.xlabel('tempo(s)', fontsize=15)
plt.ylabel('Velocidade (m/s)', fontsize=15)
plt.show()
```

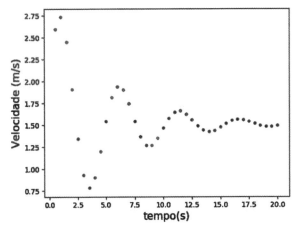

Figura 5.3 – Velocidade em função do tempo para uma partícula com força dependente do tempo. Cálculo da integral pelo método do trapézio.

5.1.3 Cálculo do período do pêndulo simples para grandes amplitudes

Quando linearizamos a equação do pêndulo simples, o que implica que sua análise só vale para pequenas oscilações, mostramos que o mesmo tem movimento periódico com períodos dado por:

$$T_0 = 2\pi\sqrt{\frac{l}{g}},$$

onde l é o comprimento do pêndulo e g a aceleração da gravidade.

Queremos, no entanto, determinar o período do pêndulo simples considerando grandes oscilações. Neste caso, não podemos linearizar a equação de movimento e lançamos mão do método da conservação da energia mecânica (Energia cinética K mais a energia pontencial V), dada por:

$$E = K + V = \frac{1}{2}I\dot{\theta}^2 - mgl\cos\theta = \frac{1}{2}ml^2\dot{\theta}^2 - mgl\cos\theta,$$

onde m é a massa do pêndulo. Vamos considerar que iniciamos o movimento do pêndulo a partir de um ângulo inicial máximo θ_m. Sendo a energia mecânica conservada, temos então

$$\frac{1}{2}ml^2\dot\theta^2 - mglcos\theta = -mglcos\ \theta_m,$$

onde θ_m é o ângulo máximo. Explicitando o valor da velocidade angular w, temos

$$\omega^2 = \frac{2g}{1}(cos\theta - cos\theta_m),$$

Sendo $\omega = d\theta/dt$, temos

$$\left(\frac{d\theta}{dt}\right)^2 = \frac{2g}{1}(cos\theta - cos\theta_m).$$

Isolando o diferencial do tempo,

$$dt = \frac{d\theta}{\sqrt{\frac{2g}{1}(cos\theta - cos\theta_m)}}.$$

Para determinar o período do movimento, devemos integrar a equação em dt. Por simetria, podemos integrar de 0 a θ_m e multiplicar por quatro, pois, num período completo o pêndulo oscila de $\theta = \theta_m$ a $\theta = -\theta_m$ e retorna a $\theta = \theta_m$.

Período do pêndulo simples

$$T = 4\sqrt{\frac{1}{2g}}\int_0^{\theta_m}\frac{d\theta}{\sqrt{cos\theta - cos\theta_m}}.$$

Utilizamos a identidade trigonométrica: $cos2q = 1 - 2sen^2q$, podemos reescrever a equação, obtendo

$$T = 2\sqrt{\frac{1}{g}}\int_0^{\theta_m}\frac{d\theta}{\sqrt{sen^2(\theta_m/2) - sen^2(\theta/2)}}.$$

Fazendo a mudança de variável:

218 • Introdução à Programação Numérica em Python

$$senz = \frac{sen(\theta/2)}{sen(\theta_m/2)}, \quad x = sen(\theta_m/2); \quad sen\left(\frac{\theta}{2}\right) = xsenz$$

Temos então:

$$\cos z\, dz = \frac{\cos(\theta/2)}{2sen(\theta_m/2)}d\theta = \frac{\sqrt{1-x^2sen^2z}}{2x}d\theta.$$

Inserindo essas variáveis na equação do período, obtemos:

$$T = 2\sqrt{\frac{l}{g}}\int_0^{\theta_m}\frac{d\theta}{\sqrt{sen^2(\theta_m/2)-sen^2(\theta/2)}} = 2\sqrt{\frac{l}{g}}\int_0^{\theta_m}\frac{2x\cos z\, dz}{\sqrt{1-x^2sen^2z}}\frac{1}{\sqrt{x^2-x^2sen^2z}}$$

Simplificando, temos:

$$T = 4\sqrt{\frac{l}{g}}\int_0^{\theta_m}\frac{dz}{\sqrt{1-x^2sen^2z}}.$$

Para uma oscilação do pêndulo fazendo 180^0 (θ_m=π/2) podemos reescrever o período em função da integral elíptica de primeira espécie, dada por:

$$K(x) = \int_0^{\pi/2}\frac{dz}{\sqrt{1-x^2sen^2z}} \tag{5.1}$$

o período do pêndulo pode ser escrito como

$$T = 4\sqrt{\frac{l}{g}}K(x) \quad \text{ou} \quad T = \frac{2T_0}{\pi}K(x)$$

Temos que integrar numericamente a Integral 5.1, onde $x = sen(\theta_m/2)$. O programa `período_trapezio.py` determina o período para um ângulo máximo de 90^0 graus utilizando o método do trapézio.

```
#periodo_trapezio.py
'''Calculo do periodo do pendulo com integracao numerica
da integral eliptica peo método do trapézio
Programador: Elinei Santos
```

```
Data da ultima revisão:03/09/2017'''
from numpy import *
a = 0.
b = pi/2.
l = 1.0
g = 9.8
N = 1701 #numero impar de pontos
def eliptica(z,te =b/2.):
    x = sin(te)
    return 1./sqrt(1-(x*sin(z))**2)
def trapezio(a, b, N):
    h = (b-a)/(N-1) #passo da integração
    soma = (eliptica(a)+eliptica(b))/2 # valores extremos da funcao
    for i in range(2, N-1):
        soma += eliptica(a+(i-1)*h)
    return h*soma
periodo =4.* sqrt(l/g)*trapezio(a,b,N)
print('O periodo do pendulo e = %.4f s\n' %periodo)
```

Para um pêndulo de comprimento **L** = 1,0 m, temos que o programa fornece:

O periodo do pendulo e = 2.3674 s

Método de Simpson composto

Vamos implementar o método de Simpson, também denominado método de Simpson 1/3 composto. Consideramos os subintervalos igualmente espaçados e o número de subintervalos dentro do domínio de integração [a, b] deve ser um número par. O método é reescrito a seguir:

$$I(\mathrm{f}) = \int_a^b f(x)dx \approx \frac{h}{3}\left[f(a)+4\sum_{i=1}^{n/2} f(a+(2i-1)h)+2\sum_{i=1}^{n/2-1} f(a+2ih)+f(b)\right]$$

220 • Introdução à Programação Numérica em Python

Este método é implementado em Python no programa `integra_Simpson.py` a seguir.

Exemplo: A fórmula de Debye para a determinação do calor específico de um sólido é dada por:

$$C_V = 9Nk_B \left(\frac{T}{\theta_D} \right)^3 \int_0^{\theta_D/T} \frac{x^4 e^x}{(e^x - 1)^2} dx,$$

onde N é o número de átomos, k_B é a constante de Boltzmann, θ_D é a temperatura de Debye. Faça um programa em Python que imprima uma tabela com 20 valores de temperatura T começando em T=0^0 aumentando de vinte em vinte graus e os valores de $C_V/3Nk_B$ para o cobre ($\theta_D = 309$ K). Em seguida, faça um gráfico de $Cv/3Nk_B$ por T/θ_D para estes 20 valores calculados. Utilize o método de Simpson para o cálculo numérico da integral. O programa *integra_Simpson.py* a seguir implementa o método de Simpson para resolver este problema. Na Figura 5.4 mostramos o resultado gerado pelo programa.

Nota: Vale destacar nos dois programas a seguir nos comandos for, por exemplo: for i range(1, int(n/2)+1), nós fazemos a conversão explícita para inteiro da divisão de n/2, esta é uma diferença crucial entre Python 3 e Python 2, pois na versão atual Python 3 a divisão de dois inteiros resulta sempre num número de ponto flutuante. Assim, se não fizéssemos esta conversão explícita o Python acusaria erro, uma vez que o comando range exige um intervalo de números inteiros, não números em ponto flutuante que resultaria de n/2.

```
#integra_Simpson.py
'''Programa que determina o calor especifico de um solido
pela formula de Debye. O calculo da integral é feito pelo
método de Simpson composto
Programador: Elinei Santos
Ultima revisão: 06/09/2017'''
from numpy import *
import matplotlib.pyplot as plt
def g(x):
```

Capítulo 5 Integração numérica • 221

```python
    return x**4*exp(x)/(exp(x)-1.)**2
def integra_Simpson(f, a, b, n= 300):
    h = (b-a)/float(n)
    soma1 = 0
    for i in range(1, int(n/2)+1):
        soma1 += f(a + (2*i-1)*h)
    soma2 = 0
    for i in range(1, int(n/2)):
        soma2 += f(a + 2*i*h)
    somageral = (b-a)/(3.*n)*(f(a)+f(b)+4.*soma1+2.*soma2)
    return somageral
a =0.001 #valor nao nulo para nao gerar indeterminacao
b =309
Td =309.
T=1
for k in range(1,21):
    b =309./T
    Cv = 3.*((T/309.)**3)*integra_Simpson(g,a,b)
    print('T = %.2f K Cv/3Nk = %.3f ' %(T/Td,Cv))
    plt.scatter(T/Td,Cv, color='black')
    T +=20.
plt.xlabel(r'$T/T_\theta$')
plt.ylabel(r'$C_V/3Nk_B$')
plt.show()
```

A Tabela e o gráfico (Figura 5.4) são mostrados na sequência.

```
T = 0.00 K Cv/3Nk = 0.000
T = 0.07 K Cv/3Nk = 0.024
T = 0.13 K Cv/3Nk = 0.160
T = 0.20 K Cv/3Nk = 0.361
T = 0.26 K Cv/3Nk = 0.531
T = 0.33 K Cv/3Nk = 0.653
T = 0.39 K Cv/3Nk = 0.737
T = 0.46 K Cv/3Nk = 0.796
T = 0.52 K Cv/3Nk = 0.838
```

```
T = 0.59 K Cv/3Nk = 0.868
T = 0.65 K Cv/3Nk = 0.891
T = 0.72 K Cv/3Nk = 0.909
T = 0.78 K Cv/3Nk = 0.922
T = 0.84 K Cv/3Nk = 0.933
T = 0.91 K Cv/3Nk = 0.942
T = 0.97 K Cv/3Nk = 0.949
T = 1.04 K Cv/3Nk = 0.955
T = 1.10 K Cv/3Nk = 0.960
T = 1.17 K Cv/3Nk = 0.964
T = 1.23 K Cv/3Nk = 0.968
```

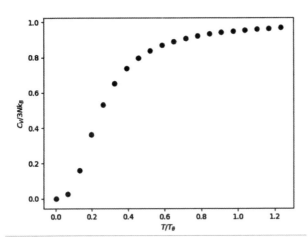

Figura 5.4 – Calor específico do cobre em função da temperatura (T/T$_\theta$). Integral calculada pelo método de Simpson composto.

Exemplo: A espiral de Euler, espiral de Cornu ou clotoide é encontrada na teoria de difração de Fresnel e é gerada a partir da curva paramétrica formada a partir do cálculo das seguintes integrais:

$$S(w) = \int_0^w sen\left(\frac{\pi x^2}{2}\right)dx$$

$$C(w) = \int_0^w cos\left(\frac{\pi x^2}{2}\right)dx$$

Capítulo 5   Integração numérica • **223**

Vamos utilizar o método de Simpson para calcular estas integrais e gerar a espiral de C(w) versus S(w) no intervalo de -10 < w < 10. O programa integra_fresnel.py calcula estas integrais e gera o gráfico da espiral mostrado na Figura 5.5

```python
#integra_fresnel.py
'''Programa que determina a espiral de Euler ou de Cornu
O calculo da integral é feito pelo
método de Simpson composto
Programador: Elinei Santos
Ultima revisão: 06/09/2017'''
from numpy import *
import matplotlib.pyplot as plt
def c(x):
    return cos(0.5*pi*x**2)
def s(x):
    return sin(0.5*pi*x**2)
def integra_Simpson(f, a, b, n= 400): #n - numero para de pontos
    h = (b-a)/float(n)
    soma1 = 0
    for i in range(1, int(n/2)+1):
        soma1 += f(a + (2*i-1)*h)
    soma2 = 0
    for i in range(1, int(n/2)):
        soma2 += f(a + 2*i*h)
    somageral = (b-a)/(3.*n)*(f(a)+f(b)+4.*soma1+2.*soma2)
    return somageral
a =0.0 #valor inicial da integral
b =-10.
N = 1000
dx = fabs(2*b)/N
cx = []
sy = []
for k in range(1,N):
    C =integra_Simpson(c,a,b) #usa o valor default n=400 do metodo
```

```
    S =integra_Simpson(s,a,b)
    cx.append(C)
    sy.append(S)
    #plt.scatter(S,C,color='black',s=2) #para pontos individuais
calculados
    b += dx
plt.plot(cx,sy,'r')
plt.xlabel('C(x)', fontsize=15)
plt.ylabel('S(x)', fontsize=15)
plt.show()
```

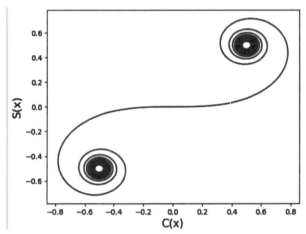

Figura 5.5 – Clotoide ou espiral de Euler. Cálculo das integrais pelo método de Simpson.

5.2 Integral utilizando o método de Monte Carlo

5.2.1 Método de Monte Carlo para uma dimensão

Considere uma região retangular de altura h e largura (b-a), conforme a Figura 5.6 a seguir. Esta região é separada por uma função contínua f(x). Vamos supor que geremos N pares de números aleatórios (x_i, y_i), onde os valores de x_i devem estar no intervalo [a, b] ou seja: a ≤ x_i ≤ b e y_i deve estar no intervalo [0,h] (0 ≤ y_i ≤ h). A fração n dos pontos (x_i, y_i) que satisfazem a relação: y_i ≤ f(x_i) é uma estimativa da área abaixo de curva f(x) (ou seja a integral de f(x)) em relação a região da área retangular. Em outras palavras, a área estimada abaixo de f(x) é dada por:

$$E_n = \frac{n}{N} A,$$

Onde N é o número de pontos aleatórios total, n é o número de pontos que estão debaixo da curva f(x) e A é a área da região retangular (h(b-a)). Um outro exemplo: imagine que isto fosse uma figura de tiro ao alvo que você atirasse N balas e contasse quantas balas n atingem a figura abaixo da curva f(x). A área abaixo da curva é aproximadamente a fração de balas (n/N) que atingem a figura abaixo de f(x) multiplicada pela área da figura A. Esta é a ideia central do método de Monte Carlo.

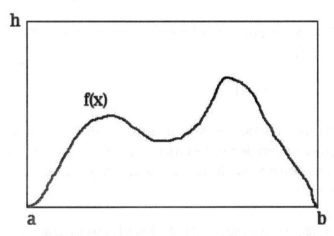

Figura 5.6 – Integral de f(x) é igual a área embaixo da curva f(x).

Formalmente o método de Monte Carlo para integração numérica é baseado no Teorema do valor médio do cálculo elementar:

$$I = \int_a^b f(x)dx = (b-a)\langle f \rangle$$

O teorema diz que a integral de uma função contínua f(x) entre o intervalo [a, b] (igual a área abaixo da curva) é igual ao intervalo (b-a) multiplicado pelo valor médio da função neste intervalo. O método de Monte Carlo escolhe a sequência de x_i de N números uniformemente aleatórios ao invés de intervalos regulares. Assim, nós determinamos a média amostral no intervalo para esses pontos:

$$\langle f \rangle \approx \frac{1}{N} \sum_{i=1}^{N} f(x_i)$$

226 • Introdução à Programação Numérica em Python

Obtemos assim a regra para a integração numérica do método:

$$I = \int_a^b f(x)dx = (b-a)\frac{1}{N}\sum_{i=1}^N f(x_i) = (b-a)\langle f \rangle.$$

Onde x_i são números aleatórios uniformemente distribuídos no intervalo: $a \le x_i \le b$ e N é o número total de tentativas. Vale lembrar que para funções em uma dimensão os métodos anteriores são mais precisos e mais rápidos. No método de Monte Carlo para uma dimensão o erro diminui com $N^{-1/2}$, não é melhor que os métodos anteriores. No entanto para dimensões maiores, o método de Monte Carlo é muito mais preciso que os outros métodos.

Exemplo: Utilizando o método de integração de Monte Carlo elaborar um programa em Python que calcule a integral:

$$I = 4\int_0^1 \sqrt{1-x^2}\,dx.$$

Esta integral tem o valor exato igual ao valor de π. Calcule o valor absoluto da diferença entre o valor da integral e o valor de π, ou seja, o erro. Faça o cálculo para 6 valores de n, começando com n = 10 e indo até 10^6. Em seguida faça um gráfico log x log do erro em função do valor de n.

Solução: Uma possível implementação deste programa é listado a seguir no programa: `integ_montecarlo1D.py`. Na sequência, mostramos na Figura 5.7 o gráfico do erro em função do valor de n, é possível notar que a dependência do erro cai com $n^{-1/2}$.

```python
#integ_montecarlo1D.py
'''Metodo de Monte Carlo para o calculo de integrais
em uma dimensao
Prog: Elinei Santos
Data da ultima revisao: 11/09/2017'''
import random
import numpy as np
import matplotlib.pyplot as plt
from math import sqrt, pi,fabs
```

```
def g(x):
    return sqrt(1.-x**2)
def MCarlo(f, a, b, n):
    soma = 0.
    for i in xrange(n):
        xi = random.uniform(a,b)
        soma += f(xi)
    Integ = (float(b-a)/n)*soma
    return Integ
nc = np.zeros(1000)
E = np.zeros(1000)
n=1
for i in range(6):
    n *= 10
    I = 4.*MCarlo(g,0.,1., n)
    nc[i] = n
    E[i] = fabs(I - pi)
    print('n = %d Integ=%.5f' %(n,I))
plt.loglog(nc,E,'ko')
plt.xlabel('n', fontsize=15)
plt.ylabel('Erro')
plt.show()
```

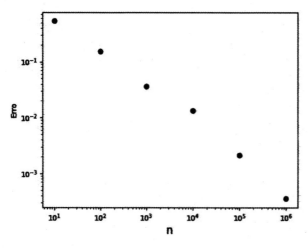

Figura 5.7 – Erro versus n da integral numérica calculada com o método de monte carlo. O erro cai com $n^{-1/2}$.

O valor da integral de acordo com o número de tentativas é mostrado a seguir, onde podemos verificar que o valor numérico da integral se aproxima do valor de pi.

```
n = 10 Integ=2.60535
n = 100 Integ=3.29473
n = 1000 Integ=3.10542
n = 10000 Integ=3.12811
n = 100000 Integ=3.13947
n = 1000000 Integ=3.14195
```

5.2.2 Método de Monte Carlo para duas dimensões

Podemos generalizar o método muito facilmente para duas ou mais dimensões, basta coletarmos pontos aleatórios no espaço adequado. No caso bidimensional, por exemplo, temos:

$$\int_a^b fx \int_c^d f(x,y)dy \approx (b-a)(d-c)\frac{1}{N}\sum_{i=1}^N f(x_i, y_i) = (b-a)(d-c)\langle f \rangle.$$

Onde (x_i, y_i) são números aleatórios dentro da área de integração.

5.2.3 Exercícios

1. Estime a integral pelo método do retângulo, trapézio, Simpson e Monte Carlo.

$$\int_0^1 e^{-x^2} dx$$

2. Implemente o método de Monte Carlos para duas variáveis. Determine analiticamente e numericamente o valor da integral:

$$\int_{-1}^1 \int_0^2 (x^2 - 2y^2 + xy^3)dxdy$$

3. Utilizando o método de Simpson composto determine o valor da integral:

$$I = \int_0^{30} 200\left(\frac{y}{5+y}\right)e^{-2y/30}dy$$

Capítulo 5   Integração numérica   •   **229**

4. Determine as seguintes integrais numericamente:

$$I = \int_0^{\pi} 2sen^2 dx \quad e \quad G = \int_0^{\pi} xsen^2 dx$$

5. Usando os métodos: a) do trapézio e b) usando o método de Simpson.

Capítulo 6

Programação orientada a objeto (POO)

Há três formas ou paradigmas de programação: a programação estrutural, que utilizamos até o momento, a programação funcional (que não abordaremos) e a programação orientada a objetos, que faremos uma breve introdução neste capítulo.

6.1 Classes e objetos em Python

Uma **classe** é uma abstração genérica de determinado conjunto de objetos, seres ou coisas. Uma classe é um novo tipo de dado criado pelo programador. A característica fundamental de uma classe é que esta incorpora em uma única entidade os dados (também chamados de atributos) e as funções (também chamados de métodos) que serão responsáveis por terem acesso a esses dados gerando alguma ação.

Quando se cria uma classe não estamos utilizando memória, apenas definindo um novo tipo de dado que pode ser usado posteriormente por qualquer outro programador.

Um **objeto** é uma variável cujo tipo é uma classe, dizemos que para criar um objeto nós instanciamos uma classe. Como a classe define um conjunto genérico de coisas, na instanciação é definido um objeto específico. Por exemplo, podemos criar uma classe de pessoas. Esta classe possui os dados como nome, RG, endereço e salário. A classe também tem dois métodos, um que altera o endereço da pessoa e um que altera o salário assim que ela ganhe um aumento. Na instanciação dessa classe podemos criar um objeto Valéria que pertence à classe pessoa, mas, que agora tem um nome, um RG único e um endereço específico. O objeto criado agrupa em uma única entidade os dados e os processos (métodos) que operam sobre estes dados, dizemos que o objeto **encapsula** os métodos e os dados de um objeto. Esses dados ou variáveis estão acessíveis (ou visíveis) a todos os métodos da classe. O esquema mostrado na Figura 6.1 a seguir demonstra conceitualmente esta ideia.

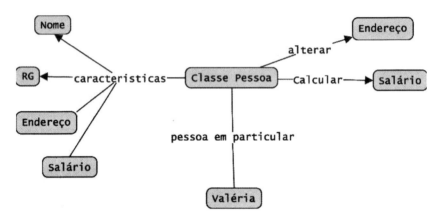

Figura 6.1 – Uma classe Pessoa é uma abstração uma definição geral para objetos que têm atributos: nome, RG, endereço, salário e dois métodos que interagem com os dados ou atributos: alterar() e calcular(). Uma instanciação cria um objeto específico da classe como a pessoa Valéria.

Em Python a maioria das coisas que utilizamos é um objeto (ou seja, instancia de uma classe), tais como um inteiro, uma string, um número float, etc. Assim, são classes do Python: list, str, float, int, dict, tuple, etc.

Uma das grandes capacidades da programação orientada a objetos é a **herança**. Uma vez definida uma classe, chamada de classe mãe, é possível implementar uma nova classe a partir da primeira. A nova classe gerada herda as características ou atributos da classe inicial, assim como seus métodos (ou funções). Além disso, o programador pode acrescentar novos atributos ou características, assim como novos métodos à nova classe denominada classe filha. Na Figura 6.2 esquematizamos esse conceito para esclarecer que podemos criar quantas classes filhas desejarmos e estas herdam as características da classe mãe (características M) acrescentando características novas e particulares (características F1, F2, etc.).

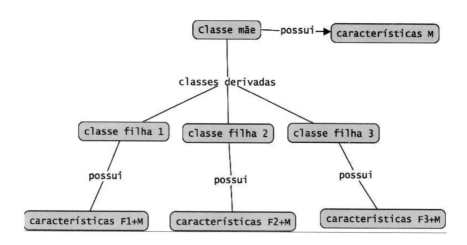

Figura 6.2 – Uma classe (mãe) possui características iniciais (M). Na criação de subclasses (classes filhas) estas herdam as características (M) da classe mãe adicionando as suas características particulares (F1, F2, F3).

Podemos comparar esta hierarquia de classes como as hierarquias de sistemas biológicos. Considere uma espécie de cão como o labrador-rex. Este é um indivíduo específico que se queremos ter uma visão geral de suas características biológicas vamos ter que ampliar ou generalizar o grupo a que pertence. O esquema a seguir (Figura 6.3) mostra de forma simplificada esta hierarquia. O Labrador-Rex é da espécie **Canis familiares**, do gênero **Canis**, da família canideae e da ordem dos carnívoros. Numa hierarquia de classes passamos de um estado mais generalista para um estado mais especializado onde as classes inferiores herdam características e funções das classes superiores e acrescentam características novas e particularidades. Um objeto é um elemento específico da classe com características muito particulares que o distingue.

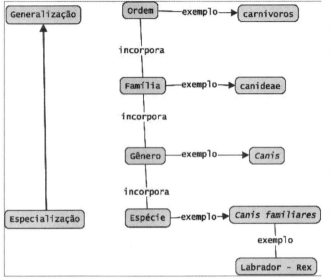

Figura 6.3 – Numa hierarquia de classes cada classe superior é uma abstração mais generalista. As classes inferiores derivadas herdam características e atributos das classes superiores e definem mais especificamente o objeto.

Vamos exemplificar e explorar o paradigma orientado a objetos resolvendo alguns problemas.

Problema: Elaborar um programa que crie uma classe chamada Triângulo. Esta classe deverá ter três atributos que são os lados de um triângulo qualquer (a, b, c). A classe deverá ter ainda dois métodos: um que determina e imprime na tela o perímetro do triângulo e o outro que calcula e imprime a área do triângulo através da fórmula de Heron, colocada a seguir:

$$A = \sqrt{p(p-a)(p-b)(p-c)}$$

onde p é o semiperímetro do triângulo: p = (a + b + c)/2.

Solução: Cada objeto ou instanciação da classe **Triângulo** deverá conter os três lados do triângulo e os dois métodos que denominamos: perímetro() que deve calcular o perímetro e área() para o cálculo da área do triângulo com a fórmula de Heron. A classe Triangulo pode ser representada no diagrama UML conforme a Figura 6.4 (Na parte superior temos o nome da classe, em seguida o construtor e na parte inferior os parâmetros locais juntamente com o métodos da classe).

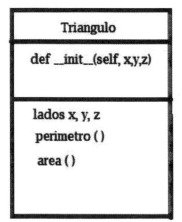

Figura 6.4 – Classe base Triangulo representada no diagrama UML. Uma única célula que mantém juntos dados (ou atributos) e os métodos (ou funções) que podem ter acesso aos mesmos.

Implementamos esta classe no programa *classe_triangulo.py* a seguir:

```
#classe_triangulo.py
'''Classe que determina o perimetro e area de um
triangulo qualquer a partir de seus lados. A area
e calculada pela formula de Heron'''
from math import sqrt
class Triangulo():
    'Construtor da classe'
    def __init__(self, x,y,z):
        self.x = x
        self.y = y
        self.z = z
    def perimetro(self):
        per = self.x + self.y +self.z
        print("O perimetro do triangulo e = %g" % per)
    def area(self):
        sp =(self.x + self.y +self.z)/2.
        #formula de Heron para o calculo de area de triangulos
        a = sqrt(sp*(sp-self.x)*(sp-self.y)*(sp-self.z))
        print("A area do triangulo e = %g" % a)
triangulo1 = Triangulo(3,4,5)
triangulo1.perimetro()
triangulo1.area()
```

6.1.1 Criando uma classe – comando class

O comando: `class Triangulo(object):` cria um novo tipo de dado denominado Triangulo, de tal forma que podemos usar esta classe para criar objetos que serão do tipo Triângulo. Abaixo da criação da classe criamos um comentário denominado `docstring` o qual serve para fornecer de forma direta o objetivo ou descrição da classe. A seguir, definimos o método `__init__()`. Esse método é especial em Python e para destacar isso o mesmo inicia e termina com dois sinais sublinhados (underscore). Todo método que é reservado do Python inicia e termina com dois sublinhados. Este método é chamado construtor e é chamado na origem da criação do objeto. Toda vez que você cria um objeto a partir da classe, o Python chama automaticamente o construtor `__init__()`. O construtor inicializa e aloca memória para as variáveis quando um objeto é criado.

Obs: Em python 3.x não é necessário colocar o termo object assim como o parêntese para criação de classe como na versão Python 2.x. Manteremos a notação com parêntese e o termo object, pois funciona em todas as versões do Python.

6.1.2 Instanciando uma classe

Uma classe é um tipo de dado criado pelo programador. Como é uma abstração encapsulando em uma única estrutura os dados e as funções que terão acesso a esses dados, podemos gerar um número qualquer de objetos a partir de uma única classe. A classe Triangulo contém instruções para definir qualquer número de triângulos com características individuais. A cada geração de um triângulo específico dizemos assim que estamos instanciando uma classe ou criando um objeto. No trecho a seguir instanciamos um triângulo específico de lados 3, 4, 5 e nome triangulo1, em outras palavras, triangulo1 é um objeto do tipo Triangulo.

```
triangulo1 = Triangulo(3,4,5)
```

Nesse comando o método `__init__()` é chamado fornecendo os valores 3, 4, 5 aos atributos self.x, self.y e self.z. Automaticamente o Python retorna uma instância que é armazenada na variável `triangulo1`. Enquanto a criação da classe não consome memória, a criação do objeto (ou instanciação) reserva espaço de memória para as variáveis utilizadas.

6.1.3 Acessando os atributos

Uma vez criado um objeto para termos acesso aos seus atributos devemos utilizar o operador ponto (.). A sintaxe geral é:

```
nome_objeto.atributo
```

onde $nome\_objeto$ é o nome da classe instanciada. Python busca o $nome\_objeto$ criado e o atributo associado a ele. Em nosso exemplo, se quisermos ter acesso aos atributos x e y, por exemplo, devemos fazer:

```
triangulo1.x
triangulo1.y
```

No caso, para acessar qualquer atributo dentro dos métodos definidos na classe, você deve utilizar o prefixo self e a notação de ponto, ou seja, $self.nome,$ onde nome é o $nome$ do atributo da classe.

6.1.4 A variável self

O argumento self é uma variável especial, ela pode ter qualquer nome, mas por convenção dos desenvolvedores Python, ela é denominada self, pois, ela significa uma referência ao próprio objeto criado. Por exemplo, quando criamos um objeto **triangulo1 = Triangulo(3,4,5)**, a variável **self** assume o nome **triangulo1**. Todo método da classe deve ter **self** como primeiro argumento. Note que embora o construtor $\_\_init\_\_$ () possua quatro argumentos em sua definição (incluindo a variável **self**), na chamada da classe **Triangulo** são passados somente três argumentos. Isto ocorre porque o argumento **self** nunca é utilizado em uma chamada de função em uma classe. No método $\_\_init\_\_$ () definimos três variáveis com o prefixo **self** (**self.x, self.y e self.z**). Estas variáveis definidas com o prefixo **self** são acessíveis por todos os métodos criados na classe. Elas também são acessíveis através de qualquer instância da classe (objeto criado).

As variáveis **x, y** e **z** são armazenadas nos parâmetros **self.x, self.y e self.z**, respectivamente. Esses parâmetros são agora associados ao objeto criado na instanciação e por suas características de acessibilidade são denominados de atributos ou variáveis de instância. Não há problema algum o nome das variáveis terem o mesmo nome dos parâmetros, aliás, esta é a regra geral utilizada. Cabe aqui uma breve explicação do porquê disso. Cada nome de função, cada variável, nome de tipo, etc. em Python têm um espaço associado a eles denominado **namespace** (espaço de nome). É neste espaço que cada um desses nomes existe. Fora desses espaços não podemos fazer referência aos mesmos, pois, não existem. Assim, as variáveis x, y e z estão em um determinado **namespace**, os atributos em outro, de tal forma que um não interfere em outro.

6.1.5 Métodos

Em nossa classe **Triangulo()** além do método `__init__()` temos mais dois outros implementados: o método **perímetro()** e o método **área()**. O primeiro determina o perímetro de um triângulo e imprime o valor na tela. O segundo determina a área do triângulo utilizando a fórmula de Heron (que utiliza o semiperímetro de um triângulo). Note que nesses métodos são utilizados os atributos da classe (**self.x, self.y** e **self.z**). Na instanciação **self** será substituído pelo nome do objeto criado.

A chamada do método é feita com a seguinte sintaxe:

```
objeto.nome_metodo()
```

Para nosso exemplo, acessamos os dois métodos da classe Triangulo. Nosso objeto é triangulo1, assim, utilizamos a notação de ponto para o acesso desses métodos como mostrado a seguir:

```
triangulo1 = Triangulo(3,4,5) #criacao do objeto triangulo1
triangulo1.perimetro()          #acesso ao método perímetro()
trIangulo1.area()                 #acesso ao método perímetro()
```

6.1.6 Atributo ou variável de instância e variável local

No método perímetro() utilizamos a variável **per** para guardar o valor do perímetro do triângulo e no método **área()** utilizamos as variáveis **sp** e **a**, para guardar os valores do semiperímetro e da área do triângulo, respectivamente. Essas variáveis que são definidas dentro de um método são denominadas variáveis locais, diferente das variáveis precedidas por self que são denominadas atributos ou variáveis de instância. Como já dissemos anteriormente os atributos (ou variáveis de instância) podem ser referenciadas e usadas em qualquer lugar do objeto criado e seus valores ou seus conteúdos não são perdidos quando termina a execução do método que as utiliza. As variáveis locais, ao contrário, só estão disponíveis dentro do método em que foram definidas, não poderão ser acessadas por outros métodos do objeto. Suas existências estão condicionadas à execução do método, tão logo o método termine sua execução, elas deixam de existir. Você poderia criar duas variáveis **self.per** e **per**, embora com mesmo nome per, elas são variáveis distintas em Python e têm namespace totalmente distintos.

6.1.7 Regras e observações para o bom uso de classes

- O comando class cria uma classe;

```
class nome_da_classe():
    'esta classe modela uma série de objetos'
    def __init__(self, arg1, arg2,...):
        'este é o método construtor da classe'
```

- Toda classe deve ter self com o seu primeiro argumento;
- As classes têm nomes começando por letras maiúsculas e os métodos por minúsculas (por convenção);
- Não esqueça de indentar os métodos em relação à definição da classe;
- No caso de um programa principal usando a classe, este possui a mesma indentação da classe;
- Objetos e métodos devem ter nomes em letras minúsculas e podem ter sublinhado (underscore) entre palavras;
- Para acesso aos atributos da classe usa-se: `self.nome`, onde nome é o nome do atributo;

240 • Introdução à Programação Numérica em Python

- Tenha bastante cuidado com a estrutura de indentação na criação da classe. Inclusive os **docs strings** que dizem os objetivos da classe e dos métodos devem obedecer a indentação. Muitos erros que aparecem são somente devido a erro de indentação.

Problema: Criar uma classe que permita desenhar a trajetória de um projétil lançado do solo com velocidade inicial v_0 m/s, e ângulo de lançamento θ com a horizontal. Não considere a resistência do ar.

Solução: O deslocamento do projétil em cada instante de tempo (t) é dado pelas equações:

$$x = v_0 cos(\theta)t$$
$$y = v_0 sin(\theta)\text{t} - \frac{1}{2}gt^2$$

(6.1)

O tempo de voo é calculado por t = $2v_0 sin(\theta)/g$. Onde g é aceleração gravitacional. Implementamos a classe $Lancamento$. Esta classe é listada a seguir no programa $classe\_obliquo.py$.

```
#classe_obliquo.py
'''Programa para resolver o lancamento obliquo
com paradigma orientado a objeto
Programador: Elinei Santos
Data da ultima revisao: 20/01/2017
x = vo*cos(teta)*t
y = vo*sen(teta)*t - g*t**2/2'''
from pylab import *
import matplotlib.pyplot as plt
from math import pi, cos, sin
vel = eval(input('Entre com a velocidade de lancamento em m/s \n'))
ang = eval(input('Entre com o angulo de lancamento em graus \n'))
class Lancamento(object):
    'Classe que determina a trajetoria de um projetil'
    def __init__(self, te, vo):
```

Capítulo 6   Programação orientada a objeto (POO)   •   **241**

```python
        self.te = te*pi/180. #converte para radiano
        self.vo = vo
        self.g = 9.8
    def tempo_voo(self):
        'metodo para determinar o tempo de voo'
        return 2*self.vo*sin(self.te)/self.g
    def trajetoria(self,x,y,h):
        'metodo para calcular e desenhar a trajetoria'
        tmax = self.tempo_voo()
        self.h = h
        self.x = x
        self.y = y
        N = tmax/self.h
        t =0.0
        for i in arange(1,N):
            self.x = self.vo*cos(self.te)*t
            self.y = self.vo*sin(self.te)*t - 0.5*self.g*(t)**2
            if self.y >= 0.0:
                plot(self.x, self.y,'.b')
            else: i = N
            t +=self.h
lanca_obliquo1 = Lancamento(ang, vel) #cria o objeto1
lanca_obliquo2 = Lancamento(45,45)    #cria o objeto2
lanca_obliquo3 = Lancamento(45,50)    #cria o objeto3
lanca_obliquo1.trajetoria(0.,0.,0.02)
lanca_obliquo2.trajetoria(0.,0.,0.02) #usa o metodo trajetoria
lanca_obliquo3.trajetoria(0.,0.,0.02)
axis([0, 400., 0, 150.])
xlabel('Alcance(m)', fontsize=15)
ylabel('Altura(m)', fontsize =15)
show()
```

No programa *classe_obliquo.py* iniciamos importando os pacotes que permitem o
uso de funções matemáticas e a geração de gráficos, como já foi explicado em outros

242 • Introdução à Programação Numérica em Python

capítulos, vamos nos concentrar na criação e utilização da classe. A fim de tornar o programa mais genérico começamos com a implementação de uma mensagem pedindo a velocidade inicial e o ângulo de lançamento ao usuário e que são armazenados nas variáveis globais **vel** e **ang**. Na sequência criamos a classe *Lancamento*. No construtor *__init__ ()*, além do parâmetro obrigatório **self**, temos os parâmetros v_0 e **te** e um valor default **g = 9,8**, que representa a aceleração gravitacional. Note que o valor default **g = 9,8** está definido dentro do método *__init__ ()*, dessa forma não precisamos ter um parâmetro no método. Tivemos o cuidado de quando o método *__init__ ()* aceitar estes parâmetros e armazená-los nos atributos da classe, mudar a variável **te** que é dada em graus para radiano. Esses atributos, como já dissemos, serão associados às instâncias dos objetos criados a partir dessa classe.

O método **tempo_voo()** calcula o tempo que o projétil permanece no ar e retorna este valor. Note que para termos acesso aos atributos utilizamos: **self.vo, self.te e self.g**.

No método **trajetória()**, além do parâmetro **self**, temos mais de três que são: **x, y** para determinar a posição inicial do projétil e **h** que é o passo ou intervalo de tempo que vamos determinar a posição do projétil. A partir desses parâmetros criamos novos atributos: **self.x, self.y** e **self.h**. Criamos ainda uma variável local **tmax** que recebe o valor calculado do tempo de voo pelo método **tempo_voo()**. Outra variável local N armazena o valor da relação entre a variável **tmax** e o valor do passo **h**, portanto, nos dando quantos pontos ou posições do projétil devemos calcular para cobrir este tempo com este passo. Iniciamos a contagem de tempo com t = 0.0 e dento do laço for a partir das Equações 6.1 determinamos em cada tempo da posição horizontal x e vertical y do projétil. Dentro do laço fazemos com que cada tempo (x, y) apareça no gráfico através do comando plot. O teste if assegura que quando o projétil passar do solo não nos interessa graficar os pontos, assim, podemos encerrar o laço for que está ligado ao tempo de voo, que matematicamente pode ser maior que o tempo físico de chegada ao solo do projétil. O tempo é calculado a cada passo **h, t = t + self.h**.

Na sequência do programa principal instanciamos três objetos do tipo **Lancamento**: *lanca_obliquo1*, *lanca_obliquo2* e *lanca_obliquo3*. As variáveis de instanciação do objeto **lancaobliquo1** são fornecidas na interação do usuário com o teclado, utilizando as variáveis **ang** e **vel** que foram solicitadas no início do programa. Os outros dois objetos foram instanciados com variáveis já definidas para o mesmo ângulo (45) e diferentes velocidades (45 e 50). A seguir invocamos o método **trajetoria()** para cada um dos objetos. O método trajetória foi invocado com as mesmas variáveis (0., 0., 0,02), que representam a posição (x, y) inicial no solo do projétil e o passo h = 0,02 do tempo. Na Figura 6.5 temos o resultado gerado pelo programa, três trajetórias ou projéteis com diferentes ângulos de lançamento e velocidades. Para esta figura, na entrada do usuário inserimos o valor de 60m/s para a velocidade com um ângulo de lançamento de 60 graus. Fica evidente que a partir da classe podemos gerar quantos objetos desejarmos e desenhar suas trajetórias em um mesmo gráfico.

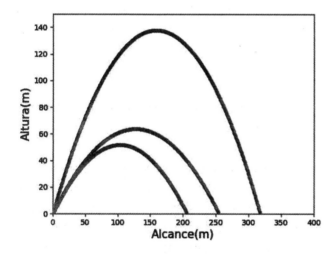

Figura 6.5 – Trajetória de três projéteis. Cada trajetória é um objeto particular instanciado pela classe Lancamento.

6.2 Herança

O paradigma de programação orientada a objeto visa a implementação de um código mais claro e conciso. Além disso, visa reaproveitar o máximo de estruturas e códigos já existentes de tal forma que o desenvolvedor não fique "reinventando a roda" ou DRY (Don't repeat yourself).

Com este objetivo um dos conceitos que as linguagens orientadas a objeto carregam é o conceito de herança. Na herança, um programador pode reutilizar sua classe criada, ou utilizar uma classe desenvolvida por outra pessoa não se importando com a imple-

244 • Introdução à Programação Numérica em Python

mentação da mesma, mas, com a estrutura de seu funcionamento e objetivo. Imagine que você deseje fazer um software interativo ou um jogo e que para isto você precise abrir uma janela onde ocorrerá a interação com o usuário. Você pode ser bem determinado e implementar uma classe que crie uma janela com vários métodos tais como: `fechar_janela()`, `redimensionar_janela()`, `abrir_janela()` e `minimizar_janela()`. Certamente esta classe lhe custaria algumas horas de trabalho, pelo menos. Porém, você descobre que alguém já implementou uma classe Janela que possui apenas dois métodos: `fechar_janela()` e `redimensionar_janela()`. Com a capacidade de herança você é capaz de utilizar esta classe (classe mãe) com todas suas características e métodos sem se preocupar com a implementação em si e, ainda, implementar uma nova classe (classe filha) com os dois métodos que você deseja (`abrir_janela()` e `minimizar_janela()`). Além de economizar tempo, você há de utilizar uma classe que já testada e funciona de acordo com seus objetivos previstos.

Vamos resolver o problema do lançamento oblíquo com atrito utilizando o conceito de herança. Considere o problema a seguir:

Problema: Considere um projétil lançado do solo com velocidade inicial v_0 e fazendo um ângulo q com a horizontal. Este projétil sofre uma força resistiva proporcional à velocidade dada por $f_a = -mC_p v$. Onde C_p é o coeficiente de atrito viscoso do ar sobre o projétil. A velocidade vetorial inicial de lançamento pode ser decomposta em suas componentes como: $v_x(0) = v_0\cos(\theta)$ e $v_y(0) = v_0 sen(\theta)$. Queremos fazer uma classe que faça o gráfico da trajetória deste projétil levando em conta a resistência do ar.

Solução: As equações de movimento do projétil são dadas por:

$$\begin{cases} m\dfrac{d^2x}{dt^2} = -mC_p v_x \\[3mm] m\dfrac{d^2x}{dt^2} = -mC_p v_y - mg \end{cases} \tag{6.2}$$

Estas equações podem ser integradas (ver referência [8]), obtendo como soluções para as coordenadas horizontais e verticais, respectivamente:

Capítulo 6 Programação orientada a objeto (POO) • 245

$$x = \frac{v_0 cos(\theta)}{C_p}(1 - e^{-C_p t})$$

$$y = -\frac{g}{C_p}t + \left(\frac{C_p v_0 sen(\theta) + g}{C_p^2}\right)(1 - e^{-C_p t})$$

(6.3)

onde g é a aceleração gravitacional, v_0 a velocidade inicial de lançamento e t é o tempo. Nossa estratégia é desenvolver uma classe que chamaremos **LancamentoAtrito** que deriva por herança da classe `Lancamento`, que já implementamos. No programa `classe_obliquo_heranca.py` a seguir temos a implementação desta ideia.

Obs: iremos utilizar a sintaxe sem cedilha (lançamento, função), uma vez que no código Python não se aceita ou aparece como código estranho este caracter.

```
#classe_obliquo_heranca.py
'''Programa para resolver o lancamento obliquo
com paradigma orientado a objeto-Heranca
Programador: Elinei Santos
Data da ultima revisao: 20/01/2017'''
from pylab import *
import matplotlib.pyplot as plt
from math import pi, cos, sin
vel = eval(input('Entre com a velocidade de lancamento em m/s \n'))
ang = eval(input('Entre com o angulo de lancamento em graus \n'))
class Lancamento():
    'Classe que determina a trajetoria de um projetil'
    def __init__(self, te, vo):
        self.te = te*pi/180. #converte para radiano
        self.vo = vo
        self.g = 9.8 #atributo default
    def tempo_voo(self):
        'metodo para determinar o tempo de voo'

        return 2*self.vo*sin(self.te)/self.g
```

```python
    def funcao(self,t):
        self.x = self.vo*cos(self.te)*t
        self.y = self.vo*sin(self.te)*t - 0.5*self.g*(t)**2
        return self.x, self.y
    def trajetoria(self,x,y,h):
        'metodo para calcular e desenhar a trajetoria'
        tmax = self.tempo_voo()+10
        self.h = h
        self.x = x
        self.y = y
        N = tmax/self.h
        t =0.0
        for i in arange(1,N):
            xp, yp = self.funcao(t)
            if self.y >=0.0:
                plot(xp, yp,'.b')
            else:
                i=N
            t += self.h
        xlabel('Alcance(m)', fontsize=15)
        ylabel('Altura(m)', fontsize =15)


class LancamentoAtrito(Lancamento):
    def __init__(self, te, vo, Cp):
        Lancamento.__init__(self,te, vo)
#super(LancamentoAtrito,self).__init__(te,vo)  - outra forma de sintaxe
        self.Cp = Cp
    def funcao(self,t):
        self.x = self.vo*cos(self.te)*(1.-exp(-self.Cp*t))/self.Cp
        self.y = -self.g*t/self.Cp+((self.Cp*self.vo*sin(self.te)\
                            +self.g)/self.Cp**2)*(1.-exp(-
self.Cp*t))
        return self.x, self.y
lanca_obliquo = Lancamento(ang, vel) #objeto sem atrito
```

```
lanca_atrito1 = LancamentoAtrito(45, 70,0.05)#objeto com atrito-1

lanca_atrito2 = LancamentoAtrito(60,45,0.1)#objeto com atrito-2


lanca_obliquo.trajetoria(0.,0.,0.02) #usa o metodo trajetoria


lanca_atrito1.trajetoria(0.,0.,0.02)


lanca_atrito2.trajetoria(0.,0.,0.02)


show() #colocado aqui para trajetorias ficarem em um unico grafico
```

6.2.1 Polimorfismo – sobreescrevendo métodos

Vamos nos deter na criação da classe e na utilização da herança entre classes. A classe *Lancamento* é semelhante à classe que utilizamos anteriormente, apenas fizemos uma modificação. Criamos um método chamado **funcao()** que recebe o tempo t como argumento. Este método é responsável pelo cálculo dos valores das coordenadas do projétil (x, y) em cada instante de tempo. Após o cálculo, o método retorna o valor dessas posições. Fazendo isto, quando criarmos a classe derivada pelo processo de herança, nós apenas temos que mudar este método para as funções que calculam a posição do projétil com atrito. Em outras palavras, vamos criar um método com o mesmo nome da classe mãe chamado **funcao()**. Embora eles tenham o mesmo nome farão coisas totalmente diferentes. Esta propriedade de diferentes métodos terem o mesmo nome, mas, comportamentos ou ações distintas denominamos **polimorfismo**. O ato de criar um novo método com o mesmo nome na classe filha (classe derivada) com o mesmo nome da classe mãe é sobrescrever o método da classe mãe. No momento que criarmos um objeto a partir da classe filha e invocarmos o método sobrescrito, o Python ignora o método da classe mãe (sobrescrito) e executa o método da classe filha. No procedimento de herança podemos sobrescrever quantos métodos desejarmos de tal forma a tornar o método adequado às novas funções ou ações desejadas na classe filha.

6.2.2 Criando uma classe derivada – herança entre classes

A criação de classes derivadas pelo processo de herança em Python é muito simples. Você utiliza o comando `class` antes do nome da classe derivada e acrescenta entre parênteses o nome da superclasse ou classe mãe, ou seja,

```
class nome_da_classe_filha(nome_da_classe_mae):
```

O método `__init__` () deve aceitar os parâmetros ou informações necessárias para a criação da classe mãe e, se for o caso, acrescenta parâmetros exclusivos ou necessários da classe filha. Vamos utilizar nosso exemplo para entender melhor o processo. Na listagem a seguir deixamos apenas a parte do processo de herança:

```
class LancamentoAtrito(Lancamento):
    def __init__(self, te, vo, Cp):
        Lancamento.__init__(self,te, vo)
        self.Cp = Cp
```

Outra sintaxe seria:

```
class LancamentoAtrito(Lancamento):
    def __init__(self, te, vo, Cp):
        super(Lancamento, self).__init__(self,te, vo)
        self.Cp = Cp
```

No caso de se usar a função super(), esta precisa de dois argumentos: um referente à classe filha e o objeto self de tal forma a fazer corretamente as associações entre a classe mãe e a classe filha.

Estamos criando uma nova classe denominada `LancamentoAtrito` que é derivada da superclasse (classe mãe) `Lancamento`. No método `__init__` () colocamos todos os parâmetros necessários para a classe mãe e acrescentamos um novo parâmetro exclusivo da classe filha C_p que é o coeficiente de atrito. C_p não é existente no lançamento obliquo sem resistência do ar. O método com a estrutura: `Lancamento.__init__ (self, te, vo)` faz a conexão entre a classe filha e a classe mãe. Faz com que os

Capítulo 6 Programação orientada a objeto (POO) • **249**

atributos da classe mãe sejam repassados à classe filha, além de acrescentar um novo atributo (`self.Cp`) à classe filha. Este atributo fará parte de todo objeto criado com a classe filha (`LancamentoAtrito`), mas, não fará parte de qualquer objeto criado a partir da classe `Lancamento`.

O método `funcao()` definido na classe filha `LancamentoAtrito` agora contém as Equações 6.3 referentes à coordenadas do projétil lançado no ar considerando o atrito viscoso proporcional à velocidade do projétil. Na instanciação de um objeto da classe `LancamentoAtrito` este método será invocado por Python para o cálculo da função. Note, porém, que se você instanciar um objeto com a classe `Lancamento`, o método `funcao()` fará o cálculo das coordenadas sem atrito, como já vimos anteriormente.

No programa principal, instanciamos ou criamos três objetos: `lanca_obliquo`, `lanca_atrito1` e `lanca_atrito2`, conforme reescrito abaixo:

```
lanca_obliquo = Lancamento(ang, vel) #objeto sem atrito
lanca_atrito1 = LancamentoAtrito(45, 70,0.05)#objeto com atrito-1
lanca_atrito2 = LancamentoAtrito(60,45,0.1)#objeto com atrito-2
```

O objeto `lanca_obliquo` é do tipo `Lancamento`, ou seja, é um objeto da classe que cria objetos que descrevem projéteis lançados obliquamente sem levar em conta a resistência do ar. Os dois outros objetos: `lanca_atrito1` e `lanca_atrito2` são do tipo `LancamentoAtrito`, ou seja, são instanciações da classe que cria objetos que descrevem as trajetórias de projéteis lançados obliquamente levando em consideração a resistência do ar. Na instanciação do primeiro objeto (`lanca_obliquo`), são fornecidos apenas dois parâmetros (ângulo e velocidade) enquanto nos outros dois objetos são fornecidos três, que são o ângulo de lançamento, a velocidade inicial e o terceiro parâmetro que é o coeficiente de atrito do ar C_p. Para todos os objetos criados utilizamos o mesmo método `trajetoria()` para gerar o gráfico da trajetória de cada projétil lançado. Note que é neste método que sobrecarregamos o método `funcao()`. Quando se instancia um objeto da classe `Lancamento` que é a classe mãe, o método função evoca e retorna a função que determina as posições horizontal e vertical para o projétil sem resistência do ar. Porém, quando instanciamos um objeto da classe LancamentoAtrito, que é uma classe filha da classe Lancamento, e utilizamos o método `trajetoria()` estamos sobrecarregando o método `funcao()`. Neste caso queremos que a classe filha use a função que determina a trajetória do projétil com atrito e ignore a função do projétil sem resistência do ar. Na Figura 6.6 mostramos o gráfico gerado com o programa utilizando o processo de herança.

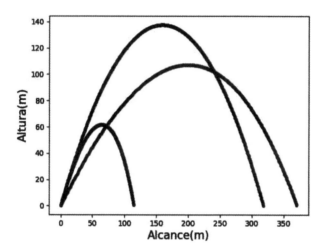

Figura 6.6 – Trajetória de três projéteis. Uma trajetória é um objeto particular instanciado pela classe Lancamento (sem atrito). Dois são objetos da classe LancamentoAtrito que consideram a resistência do ar.

6.3 Importando suas classes

Vimos que tanto a utilização da classe quanto no processo de herança bastou que o código de definição da classe estivesse incorporado dentro do programa principal. Porém, há outras formas de você utilizar as classes desenvolvidas de tal forma a tornar o código em Python mais leve, claro e conciso. Vamos descrever as diferentes formas de importar sua classe criada.

6.3.1 Utilização de uma classe

A filosofia da programação é tornar o código mais leve, utilizando classes pré-existentes. Para utilizar uma classe criada por você é necessário criar um módulo para armazenar esta classe.

Vamos exemplificar utilizando a classe do lançamento oblíquo vista anteriormente.

Esta classe será armazenada no módulo `cobliquo.py`, conforme listada a seguir:

```python
#cobliquo.py
'''Classe para resolver o lancamento obliquo
com paradigma orientado a objeto
Programador: Elinei Santos
Data da ultima revisao: 20/01/2017
x = vo*cos(teta)*t
y = vo*sen(teta)*t - g*t**2/2017'''
from pylab import *
from math import pi, cos, sin
class Lancamento(object):
    'Classe que determina a trajetoria de um projetil'
    def __init__(self, te, vo):
        self.te = te*pi/180. #converte para radiano
        self.vo = vo
        self.g = 9.8
    def tempo_voo(self):
        'metodo para determinar o tempo de voo'
        return 2*self.vo*sin(self.te)/self.g
    def trajetoria(self,x,y,h):
        'metodo para calcular e desenhar a trajetoria'
        tmax = self.tempo_voo()
        self.h = h
        self.x = x
        self.y = y
        N = tmax/self.h
        t =0.0
        for i in arange(1,N):
            self.x = self.vo*cos(self.te)*t
            self.y = self.vo*sin(self.te)*t - 0.5*self.g*(t)**2
            if self.y >= 0.0:
                plot(self.x, self.y,'.r')
            else: i = N
            t +=self.h
```

252 • Introdução à Programação Numérica em Python

```
xlabel('Alcance(m)', fontsize=15)
ylabel('Altura(m)', fontsize =15)
```

Este módulo está gravado no nosso diretório de trabalho. Neste mesmo diretório vamos criar um novo arquivo denominado *uso_classe1.py* que funcionará como nosso programa principal e de onde importaremos a classe *Lancamento* criada por nós.

```
#uso_classe1.py
'''Programa principal para uso da classe
Lancamento - importando uma unica classe
Programador: Elinei Santos
Data da ultima revisao: 05/03/2017'''
from cobliquo import Lancamento
from pylab import *
lanca_obliquo1 = Lancamento(45,45) #cria o objeto-1
lanca_obliquo2 = Lancamento(45,50) #cria o objeto-2
lanca_obliquo1.trajetoria(0.,0.,0.01) #usa o metodo trajetoria
lanca_obliquo2.trajetoria(0.,0.,0.01) #usa o metodo trajetoria
show() #colocado aqui para mostrar as curvas no mesmo grafico
```

Neste programa importamos todos os métodos do módulo **pylab** e do módulo **cobliquo** a classe *Lancamento*. Certifique-se que o módulo *cobliquo.py* está no mesmo diretório do módulo *uso_classe1.py*. Fazendo desta forma é como se estivéssemos transferindo para o programa principal todo o código da classe *Lancamento* e, assim, obtendo todos os seus recursos. O código da classe *Lancamento* fica escondido e o programa principal fica claro e conciso. Uma vez que a classe foi importada podemos criar novos objetos, como os objetos *lanca_obliquo1* e *lanca_obliquo2*. Os dois objetos representam duas trajetórias de projéteis lançados com o mesmo ângulo e com velocidades diferentes. O método *trajetória()* utilizado gera as curvas mostradas na Figura 6.7.

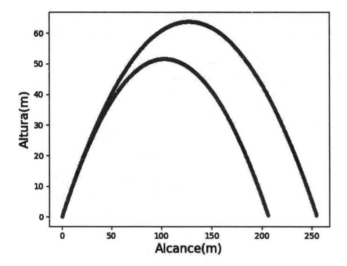

Figura 6.7 – Duas trajetórias de projéteis lançados obliquamente sem resistência do ar gerados pela mesma classe.

6.3.2 Classe numérica com integrador de Runge-Kutta

Nesta seção vamos dar um exemplo de utilização da metodologia orientada a objetos criando uma classe numérica para integrar uma equação diferencial de terceira ordem. Esta metodologia pode ser aplicada para sistema de ordem mais alta ou mais baixa. Vamos utilizar o circuito não linear de Matsumoto-Chua.

O circuito de Matsumoto-Chua é um sistema dinâmico versátil de fácil implementação em laboratório, com baixo nível de ruído e modelado facilmente por equações diferenciais. Isto o torna um excelente modelo para estudo tanto teórico quanto experimental.

Dois capacitores, um indutor, um resistor e um resistor linear por partes compõem o circuito autônomo desenvolvido por Matsumoto-Chua. Através das leis de Kirchoff, determinamos o conjunto de equações diferenciais que descrevem a evolução do sistema. As variáveis dinâmicas são as duas tensões através dos capacitores (Vc_1, Vc_2) e a corrente através do indutor (i_L). Um ponto no espaço de fase é determinado por (Vc_1, Vc_2, i_L). O diagrama esquemático do circuito é mostrado na Figura 6.8. Do diagrama, nota-se que a conexão do capacitor (C_2) e do indutor (L) em paralelo constitui o mecanismo de oscilação, enquanto que R provém a interação entre os componentes do oscilador formado por C_2, L e o resistor ativo R_{NL} junto com C_1. Além disso, R é o responsável pela dissipação de energia que restringe as amplitudes das oscilações. O resistor ativo R_{NL} é o responsável pelo comportamento global não linear do circuito.

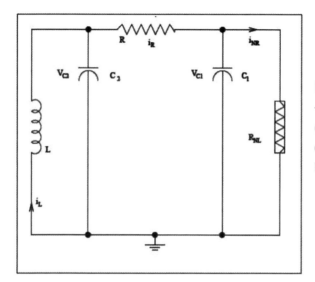

Figura 6.8 – Diagrama esquemático do circuito elétrico de Matsumoto-Chua.

Para integrarmos as equações do sistema substituímos os valores experimentais por grandezas reescalonadas de forma que as equações se tornem adimensionais. Os valores reescalonados são dados abaixo:

$$V'_{C1} = \frac{V_{C1}}{B_p} \quad V'_{C2} = \frac{V_{C2}}{B_p} \quad i'_L = i_L$$

$$t' = \frac{t}{RC_2} \quad m'_1 = \frac{m_1}{g} \quad m'_0 = \frac{m_0}{g} \quad g = \frac{1}{R(K)}$$

$$C'_1 = \frac{C_1}{C_2} \quad C'_1 = 0.1 \quad L' = \frac{L(H)}{C_2(\mu)} \quad B'_p = B_p.$$

Substituindo os valores nominais dos componentes, obtemos os seguintes conjuntos de variáveis características do circuito reescalonadas (retiramos os apóstrofos):

$$\frac{1}{C_1} = 10,0 \qquad \frac{1}{C_2} = 1,0 \qquad \frac{1}{L} = 6,0$$

$$g = \frac{1}{R} = [0,50...0,60] \qquad m_0 = -0,5 \qquad m_1 = -0,8 \qquad B_0 = 1,0$$

Em geral, consideramos o seguinte conjunto de condições iniciais,

$$V_{C1}(0) = 0,0290 \qquad V_{C2}(0) = 0,2334 \qquad i_L(0) = 0,8450.$$

Este procedimento evita problemas computacionais, que ocorreriam caso usássemos os valores nominais dos componentes elétricos. As equações do circuito usadas em nossa simulação numérica, escritas em variáveis adimensionais, são:

$$C_1 \frac{dV_{C_1}}{dt} = g(V_{C_2} - V_{C_1}) - i_{NR}(V_{C_1}),$$

$$C_2 \frac{dV_{C_2}}{dt} = g(V_{C_1} - V_{C_2}) + i_L,$$

$$L \frac{di_L}{dt} = -V_{C_2},$$

onde $g = 1/R$ é o inverso da resistência linear, i_{NR} é a corrente através do resistor linear por partes. A dependência de i_{NR} com V_{C1} é mostrada na Figura 6.9.

A curva característica da Figura 6.9 é matematicamente representada por:

$$i_{NR}(V_{C1}) = m_0 V_{C1} + 0,5(m_1 - m_0)(|V_{C1} + B_0| + |V_{C1} - B_0|).$$

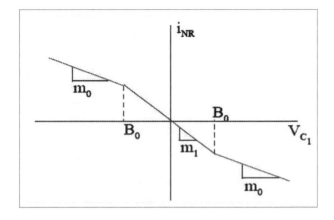

Figura 6.9 – Curva característica ($i_{NR}(Vc_1)$) do resistor linear por partes R_{NL}.

Problema: Implementar uma classe denominada `Atrator_Chua` que integre as equações diferenciais que descrevem o circuito de Matsumoto-Chua e apresentem o atrator gerado em forma de gráfico bidimensional. Utilize o integrador de Runge-Kutta de 2ª ordem, vista no Capítulo 5.

Solução: Vamos implementar uma classe denominada `Atrator_Chua` que deve iniciar as variáveis do sistema. Esta classe deverá conter ainda os seguintes métodos: o método **rk2** que faz a integração das equações diferenciais através do método de Runge_Kutta de 2ª ordem, o método **derivs** onde são definidas as derivadas das equações diferenciais e outro método denominado **trajetoria** que deve gerar o gráfico do atrator utilizando duas de suas variáveis (gráfico no plano). Para efeito de simulação vamos adotar a seguinte convenção para as variáveis: V_{C1} = x, V_{C2} = y e i_L = z. Assim, temos que o sistema a ser integrado passa a ser:

$$\frac{dx}{dt} = sg(y-x) - i_{NR}(x),$$
$$\frac{dy}{dt} = pg(x-y) + z,$$
$$\frac{dz}{dt} = -\frac{y}{L}$$

onde g = 1/R é o inverso da resistência linear, s = 1/C_1 = 10,0, p = 1/C_2 =1,0 e i_{NR} é a corrente através do resistor linear por partes. A dependência de i_{NR} com x é mostrada na Figura 6.9.

Esta classe é implementada no programa *classe_Chua.py* a seguir.

```python
#classe_Chua.py
'''Classe que implementa o atrator caotico de Chua
metodologia orientada a objeto
Programador: Elinei Santos
Data da ultima revisao: 20/01/2017'''
from pylab import *
import matplotlib.pyplot as plt
class AtratorChua(object):
    def __init__(self, N,H,t, g):
        'Classe que visualiza o atrator de Chua'
        self.y = np.zeros(N)
        self.y[0],self.y[1],self.y[2]= 0.1, 0.2, 0.4
        self.h = H
        self.m_u = -0.8
        self.m_z = -0.5
        self.s = 10.0
        self.p = 1.0
        self.g = g
    def rk2(self, t):
        'Implementa o metodo Runge-Kutta de segunda ordem'
        hh=self.h/2.0 #/* ponto medio */
        t1=np.zeros(N) #/* armazenamento tempo */
        k1=np.zeros(N); k2=np.zeros(N) #/* para Runge-Kutta*/
        for i in range(N):
            k1[i]=self.h*self.derivs(t,i)
            t1[i] = self.y[i]+0.5*(k1[i])
        for i in range(N):
            dt1 = t+hh
            k2[i]=self.h*self.derivs(dt1, i)
        for i in range(N):
            self.y[i] += (self.h*k2[i])
    def derivs(self,t,i):
```

258 • Introdução à Programação Numérica em Python

```python
        'Definicao da equacao diferencial'
        if (i == 0):
            k=self.m_z*self.y[0]+0.5*(self.m_u-self.m_z)*(math.
fabs(self.y[0]+1.0))\
                +0.5*(self.m_z-self.m_u)*(math.fabs(self.y[0]-1.0))
            return self.s*(self.g*(self.y[1]-self.y[0])-k)
        elif (i == 1):
            return self.p*(self.g*(self.y[0]-self.y[1])+self.y[2])
        elif (i == 2):
            return -6.0*self.y[1]
    def trajetoria(self):
        'metodo para calcular e desenhar a trajetoria'
        NPT = 90000
        NTRANS =5000
        # Valores para o grafico
        ts = np.empty(NPT )
        xs = np.empty(NPT )
        ys = np.empty(NPT )
        t =0.0
        for i in range(NTRANS): #/* eliminar o transiente */
            self.rk2(t)
            t+=self.h
            t=0.0
        for i in range(NPT): #/* gravar NPT pontos */
            self.rk2(t)
            xs[i]= self.y[0]
            ys[i]= self.y[2]
            ts[i]= t
            t += self.h
        plt.plot(xs,ys,'-b')
        xlabel(r'$Vc_1$', fontsize=15)
        ylabel(r'$i_L$', fontsize =15)
        show()
N=3
```

Capítulo 6 Programação orientada a objeto (POO) • **259**

```
atrator_chua1 = AtratorChua(N,0.06,0.,0.6) #cria o objeto
atrator_chua1.trajetoria() #usa o metodo trajetoria
```

Como vamos utilizar esta classe para outros exemplos iremos detalhar a criação desta classe. Iniciamos com o comando **class** para criar a classe **AtratorChua**. No método __ *init__ ()* definimos que além do parâmetro obrigatório **self** ele tenha os parâmetros **N, H, t** e **g**. O parâmetro **N** vai definir o atributo **self.N** que define o número de derivadas que compõem a equação diferencial. O parâmetro **H** define o atributo **self.h** que fornece o tamanho do passo de integração numérica do método de Runge-Kutta. O parâmetro **t** define o atributo tempo para integrar o sistema. Por último, temos o parâmetro **g** que define o atributo **self.g** que é uma das variáveis escolhida do sistema através da qual podemos explorar os diferentes comportamentos dinâmicos do mesmo. Ainda nesse método definimos um vetor (y) com três elementos e iniciamos com três valores default iniciais que são as condições iniciais da equação diferencial. Definimos também quatro atributos default que são: **self.m_u, self.m_z, self.s** e **self.p** que fazem parte de variáveis da equação diferencial e que possuem valores fixos. Vale lembrar que valores default da classe não precisam estar na lista de parâmetros do método *__init__ ()* eles são definidos no corpo do método. Esta parte da definição da classe é reescrita a seguir:

```
class AtratorChua(object):
    def __init__(self, N,H,t, g):
        'Classe que visualiza o atrator de Chua'
        self.y = np.zeros(N)
        self.y[0],self.y[1],self.y[2]= 0.1, 0.2, 0.4
        self.h = H
        self.m_u = -0.8
        self.m_z = -0.5
        self.s = 10.0
        self.p = 1.0
        self.g = g
```

O método rk2 reescrito a seguir implementa o método de Runge-Kutta de segunda ordem. Este método foi deduzido e já utilizado por nós no quarto capítulo. Se você comparar com o método rk2 do quarto capítulo notará que a única diferença é que todas as variáveis do método são substituídas pelos atributos da classe através do comando **self**.

```python
def rk2(self, t):
        'Implementa o metodo Runge-Kutta de segunda ordem'
        hh=self.h/2.0 #/* ponto medio */
        t1=np.zeros(N) #/* armazenamento tempo */
        k1=np.zeros(N); k2=np.zeros(N) #/* para Runge-Kutta*/
        for i in range(N):
            k1[i]=self.h*self.derivs(t,i)
            t1[i] = self.y[i]+0.5*(k1[i])
        for i in range(N):
            dt1 = t+hh
            k2[i]=self.h*self.derivs(dt1, i)
        for i in range(N):
            self.y[i] += (self.h*k2[i])
```

No método **derivs()** são definidas as derivadas do sistema físico que modela o circuito de Matsumoto_Chua. Note também que o método implementa a descrição matemática das derivadas com a única diferença que devemos utilizar os atributos da classe, tais como: $self.m\_z$, $self.m\_u$, $self.g$, $self.p$ e $self.s$.

O método trajetória é responsável por fazer o gráfico do atrator no plano utilizando duas variáveis do sistema ou fazer o gráfico de uma variável em função do tempo. No método são definidas duas variáveis locais **NPT** e **NTRANS**. A primeira variável define quantos pontos vamos calcular e gravar do cálculo para fazer o gráfico do atrator. A segunda variável **NTRANS** define o número de interações a serem realizadas na integração do sistema para eliminar o comportamento transiente do mesmo, pois, nos interessa o comportamento típico do sistema. Criamos três vetores locais **ts**, **xs** e **ys** onde armazenamos os valores do tempo, da variável y[0] e da variável y[2], respectivamente. Dessa forma, estaremos aptos a gerar um atrator no plano formado pelas variáveis x e z (ou Vc_1 e i_L do circuito). No caso de desejarmos outra variável, basta trocar uma das variáveis y[0] ou y[2] por y[1].

Na sequência, para utilizarmos a classe definimos uma variável global **N** = 3 para indicar que o sistema possui três equações acopladas e instanciamos a classe criando um objeto `atrator_chua1`. São passados os seguintes parâmetros para a criação do objeto: **N = 3, H = 0.06, t = 0 e g = 0.6**, conforme o comando: **atrator_chua1 = AtratorChua(N, 0.06, 0.0, 0.6)**. A seguir utilizamos o método **trajetoria()** para visualizar o atrator criado pela classe conforme mostrado na Figura 6.10 que representa o atrator caótico de Matsumoto-Chua gerado pelo programa `classe_chua.py`.

Na Figura 6.11 mostramos a série temporal da corrente i_L em função do tempo para o circuito de Matsumoto-Chua. Não há periodicidade na série temporal, o que é um comportamento típico de comportamento caótico.

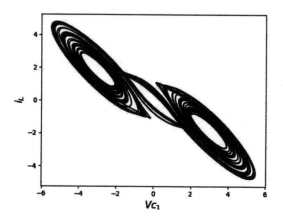

Figura 6.10 – Atrator caótico de Matsumoto-Chua gerado pela classe atrator_Chua.py.

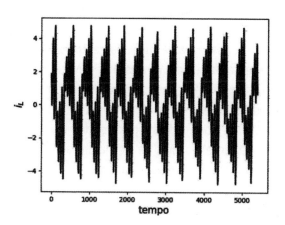

Figura 6.11 – Série temporal do circuito de Matsumoto-Chua (corrente i_L versus tempo).

6.3.3 Herança da classe bidimensional – visualização 3D

Nesta seção vamos utilizar a hierarquia entre classes através do processo de herança e estender a classe **AtratorChua** que implementa a visualização do atrator caótico de Matsumoto-Chua.

Nesta classe, como vimos, implementamos o método de Runge-Kutta de segunda ordem e um método **trajetoria()** que visualiza duas variáveis do sistema no plano, conforme mostrado na Figura 6.10. Vamos criar uma nova classe que estende a classe **AtratorChua** para a classe **AtratorChua3D** (classe filha). Através desta classe poderemos visualizar o atrator no espaço gerando figuras tridimensionais.

Para termos a possibilidade de fazer gráficos em três dimensões devemos utilizar o pacote *matplotlib.pyplot* e importar o objeto **Axes3D**. Isto nos possibilita criar um objeto tridimensional como um outro eixo, basta que utilizemos a palavra-chave (**projection ='3d'**). Os comandos básicos necessários para criar uma classe ou módulo que gere gráficos 3D é escrito a seguir:

```
        import matplotlib.pyplot as plt
   from mpl_toolkits.mplot3d import Axes3D



fig = plt.figure()
ax = fig.gca(projection='3d')
```

Vamos criar a classe Chua3D que é classe filha da super classe **AtratorChua**. A nova classe derivada herdará todos os atritos e métodos da classe mãe. Neste caso, o método __init__ não terá nenhuma modificação, pois, o sistema a ser integrado é o mesmo, logo tendo os mesmos parâmetros, assim, como o método numérico empregado (Runge-Kutta segunda ordem). A diferença ocorrerá na sobrecarga do método trajetória que deverá gerar um gráfico tridimensional ao invés de bidimensional. Esta herança entre classes é mostrada no código *classe_chua3D.py* a seguir.

```
#classe_chua3D.py
```

Capítulo 6 Programação orientada a objeto (POO) • **263**

```python
'''Classe que implementa o atrator caotico de Chua
em 3D via processo de heranca entre classes
Programador: Elinei Santos
Data da ultima revisao: 20/01/2017'''
from pylab import *
import matplotlib.pyplot as plt
from mpl_toolkits.mplot3d import Axes3D
class AtratorChua(object):
    def __init__(self, N, H, t, g):
        'Classe que visualiza o atrator de Chua'
        self.y = np.zeros(N)
        self.y[0],self.y[1],self.y[2]= 0.1, 0.2, 0.4
        self.h = H
        self.m_u = -0.8
        self.m_z = -0.5
        self.C1 = 10.0
        self.C2 = 1.0
        self.g = g
    def rk2(self, t):
        'Implementa o metodo Runge-Kutta de segunda ordem'
        hh=self.h/2.0 #/* ponto medio */
        t1=np.zeros(N) #/* armazenamento tempo */
        k1=np.zeros(N); k2=np.zeros(N) #/* para Runge-Kutta*/
        for i in range(N):
            k1[i]=self.h*self.derivs(t,i)
            t1[i] = self.y[i]+0.5*(k1[i])
        for i in range(N):
            dt1 = t+hh
            k2[i]=self.h*self.derivs(dt1, i)
        for i in range(N):
            self.y[i] += (self.h*k2[i])
    def derivs(self,t,i):
        'Definicao da equacao diferencial'
        if (i == 0):
```

```python
            k=self.m_z*self.y[0]+0.5*(self.m_u-self.m_z)*(math.
fabs(self.y[0]+1.0))\
                +0.5*(self.m_z-self.m_u)*(math.fabs(self.y[0]-1.0))
            return self.C1*(self.g*(self.y[1]-self.y[0])-k)
        elif (i == 1):
            return self.C2*(self.g*(self.y[0]-self.y[1])+self.y[2])
        elif (i == 2):
            return -6.0*self.y[1]
    def trajetoria(self):
        'metodo para calcular e desenhar a trajetoria'
        NPT = 40000
        NTRANS =1000
        # Valores para o grafico
        ts = np.empty((NPT ))
        xs = np.empty((NPT ))
        ys = np.empty((NPT ))
        t =0.0
        for i in range(NTRANS): #/* eliminar o transiente */
            self.rk2(t)
            t+=self.h
        t=0.0
        for i in range(NPT): #/* gravar NPT pontos */
            self.rk2(t)
            xs[i]= self.y[0]
            ys[i]= self.y[2]
            ts[i]= t
            t += self.h
        plot(xs,ys,'-k')
class Chua3D(AtratorChua):
    def __init__(self, N,H,t, g):
        AtratorChua.__init__(self, N, H,t, g)
    def trajetoria(self):
        'metodo sobrecarregado para desenhar o atrator 3D'
        NPT = 100000
```

Capítulo 6 Programação orientada a objeto (POO) • **265**

```python
NTRANS =1000
# Valores para o grafico
ts = np.empty(NPT)
xs = np.empty(NPT)
ys = np.empty(NPT)
zs = np.empty(NPT)
t =0.0
for i in range(NTRANS): #/* eliminar o transiente */
    self.rk2(t)
    t+=self.h
t=0.0
for i in range(NPT): #/* gravar NPT pontos */
    self.rk2(t)
    xs[i]= self.y[0]
    ys[i]= self.y[1]
    zs[i]= self.y[2]
    ts[i]= t
    t += self.h
fig = plt.figure()
ax = fig.gca(projection='3d')
ax.plot(xs, ys, zs,'-b')
ax.set_xlabel(r"$Vc_1$", fontsize=15)
ax.set_ylabel(r"$Vc_2$", fontsize=15)
ax.set_zlabel(r"$i_L$", fontsize=15)
ax.set_title("Atrator de Matsumoto-Chua")
N=3
atrator_chua1 = Chua3D(N,0.06,0.,0.6) #cria o objeto 3D
atrator_chua1.trajetoria() #usa o metodo trajetoria
plt.show()
```

Na Figura 6.12 mostramos o atrator caótico de Matsumoto-Chua no espaço a partir de herança entre classes.

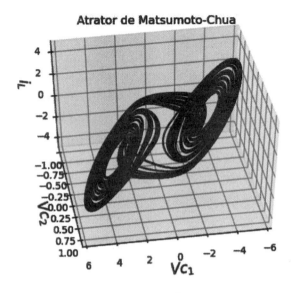

Figura 6.12 – Atrator tridimensional de Matsumoto-Chua gerado pela classe filha Chua3D a partir da super classe (classe mãe) AtratorChua.

6.3.4 Importando várias classes de um módulo

Como última aplicação da metodologia orientada a objeto vamos implementar um módulo que contenha duas classes. Uma classe que integre e faça o gráfico do atrator de Matsumoto-Chua e outra que faça o mesmo para o famoso atrator de Lorenz. Uma vez elaborado este módulo queremos utilizar estas duas classes do módulo.

O sistema de Lorenz é dado pelo conjunto de equações desenvolvidas pelo Matemático e Metereologista Edward Lorenz (1963). Ele foi o visionário da teoria do Caos. Este sistema de equações é uma versão simplificada do modelo complexo de convecção atmosférica. Sendo um sistema determinístico não linear que exibe comportamento caótico. Este sistema é escrito como:

$$dx/dt = 10(y - x)$$
$$dy/dt = x(r - z) - y$$
$$dz/dt = xy - \frac{8}{3}z$$

Este sistema apresenta comportamento caótico para o parâmetro r = 28.

O paradigma orientado a objeto permite uma programação mais rápida e clara. Uma vez que já desenvolvemos uma classe que integra e faz o gráfico de um sistema de equação diferencial de terceira ordem basta utilizar a mesma classe e mudar apenas o método que implementa as derivadas do sistema. A propriedade de herança e a sobrecarga de métodos resolve este problema. Utilizando-se a classe AtratorChua implementamos uma classe filha denominada Lorenz, conforme o código a seguir:

```python
#classe_atratores.py
'''Classe que implementa o atrator caotico de Chua e de Lorenz
metodologia orientada a objeto
Programador: Elinei Santos
Data da ultima revisao: 20/08/2017'''
from pylab import *
import matplotlib.pyplot as plt
class AtratorChua(object):
    'Classe que visualiza o atrator de Matsumoto-Chua'
    def __init__(self, N,H,t, g):
        self.N = N
        self.y = np.zeros(self.N)
        self.y[0],self.y[1],self.y[2]= 0.1, 0.2, 0.4
        self.h = H
        self.m_u = -0.8
        self.m_z = -0.5
        self.s = 10.0
        self.p = 1.0
        self.g = g
    def rk2(self, t):
        'Implementa o metodo Runge-Kutta de segunda ordem'
        hh=self.h/2.0 #/* ponto medio */
        t1=np.zeros(self.N) #/* armazenamento tempo */
        k1=np.zeros(self.N); k2=np.zeros(self.N) #/* para Runge-
Kutta*/
        for i in range(self.N):
            k1[i]=self.h*self.derivs(t,i)
```

268 • Introdução à Programação Numérica em Python

```python
            t1[i] = self.y[i]+0.5*(k1[i])
        for i in range(self.N):
            dt1 = t+hh
            k2[i]=self.h*self.derivs(dt1, i)
        for i in range(self.N):
            self.y[i] += (self.h*k2[i])
    def derivs(self,t,i):
        'Definicao da equacao diferencial'
        if (i == 0):
            k=self.m_z*self.y[0]+0.5*(self.m_u-self.m_z)*(math.
fabs(self.y[0]+1.0))\
                +0.5*(self.m_z-self.m_u)*(math.fabs(self.y[0]-1.0))
            return self.s*(self.g*(self.y[1]-self.y[0])-k)
        elif (i == 1):
            return self.p*(self.g*(self.y[0]-self.y[1])+self.y[2])
        elif (i == 2):
            return -6.0*self.y[1]
    def trajetoria(self):
        'metodo para calcular e desenhar a trajetoria'
        NPT = 60000
        NTRANS =5000
        # Valores para o grafico
        ts = np.empty(NPT)
        xs = np.empty(NPT)
        ys = np.empty(NPT)
        t =0.0
        for i in range(NTRANS): #/* eliminar o transiente */
            self.rk2(t)
            t+=self.h
        t=0.0
        for i in range(NPT): #/* gravar NPT pontos */
            self.rk2(t)
            xs[i]= self.y[0]
            ys[i]= self.y[2]
```

Capítulo 6 Programação orientada a objeto (POO) • **269**

```python
            ts[i]= t
            t += self.h
        plot(xs,ys,'-b')
        xlabel('X', fontsize=15)
        ylabel('Z', fontsize =15)
#heranca da classe AtratorChua para implementar o atrator de Lorenz
class Lorenz(AtratorChua):
    'Classe que visualiza o atrator de Lorenz'
    def __init__(self, N,H,t,g):
        AtratorChua.__init__(self, N,H,t, g)
        self.y = np.zeros(self.N)
        self.y[0],self.y[1],self.y[2]= 0.6,0.9,0.4
        self.h = H
        self.s = 10.
        self.r = g
        self.b = 2.667
    def derivs(self,t,i):
        'Definicao da equacao diferencial do sistema de Lorenz'
        if (i == 0):
            return self.s*(self.y[1] - self.y[0])
        elif (i == 1):
            return self.r*self.y[0] - self.y[1] -
    self.y[0]*self.y[2]
        elif (i == 2):
            return self.y[0]*self.y[1] - self.b*self.y[2]
```

Uma vez criado o módulo com duas classes para utilizarmos as classes importantes do módulo `classe_atratores` as duas classes ao mesmo tempo. Lembrando que o módulo que contém as duas classes e o novo módulo que importa as duas classes devem estar no mesmo diretório. O módulo `uso_classe_atrator.py` implementa esta ideia. Cada atrator é instanciado em um subplot de tal forma a termos a visão dos dois gráficos gerados pelos objetos criados. Para ambos atratores o método trajetoria faz o gráfico dos atratores no plano, conforme mostrado na Figura 6.13.

```
#uso_classe_atratores.py
'''Programa principal para uso da classe
AtratorChua e Lorenz - importando varias classes'''
from classe_atratores import AtratorChua, Lorenz
from pylab import *
N=3
subplot(1,2,1)
atrator_lorenz=Lorenz(N,0.06,0.,26) #cria o objeto-1
atrator_lorenz.trajetoria() #uso o metodo trajetoria
subplot(1,2,2)
atrator_chua1 = AtratorChua(N,0.06,0.,0.6) #cria o objeto-2
atrator_chua1.trajetoria() #usa o metodo trajetoria
show()
```

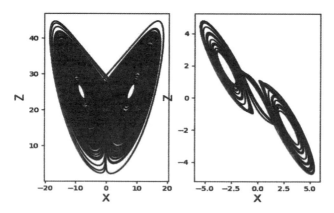

Figura 6.13 – Atratores caóticos gerados pela importação de duas classes de um único módulo. À esquerda temos o atrator de Lorenz e à direita o atrator de Matsumoto-Chua.

6.4 Projetos

1. Elabore uma classe denominada EqSegundoGrau que modela equações de segundo grau (**ax2 + bx + c = 0**). Os atributos da classe são as constantes a, b e c. Essa classe deverá ter um método denominado: verifica. Este método calcula o valor de $b^2 - 4ac$ e verifica se o mesmo é menor que zero ou não. Se for menor que zero imprime a mensagem que não há raízes e encerra o programa. Um outro método da classe é o método

raízes que determina as raízes reais da equação e imprime estas raízes na tela com duas casas de precisão.

2. Elabore uma classe denominada **EqSegundoGrauComplexa** que é uma classe derivada da classe EqSegundoGrau. Você deve sobrecarregar o método raízes de tal forma a resolver equações do segundo grau cujo valor de $b^2 - 4ac$ seja menor que zero e, portanto, tendo raízes complexas.

3. Modifique a classe **AtratorChua** vista neste capítulo de tal forma a implementar na classe o método de Runge-Kutta de quarta ordem visto no capítulo 5.

4. Crie apenas a classe denominada Lorenz que calcula e faz o gráfico do atrator de Lorenz. Em seguida faça uma classe denominada Lorenz3D que por herança calcule o atrator e faça o gráfico em três dimensões deste atrator como foi feito com o atrator de Marsumoto_Chua. O gráfico obtido por você deverá aparecer como o da Figura 6.14.

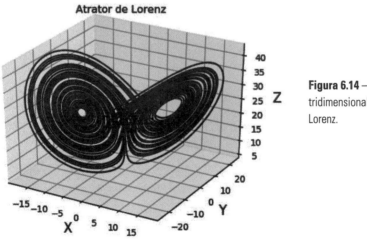

Figura 6.14 – Atrator tridimensional de Lorenz.

5. Dada a equação de Van der Waals para os gases a seguir:

$$\left(P + \frac{an^2}{V^2}\right)(V - bn) = nRT$$

Crie uma classe em Python que simule esta equação e forneça a relação entre pressão e volume do gás a uma temperatura fixa. A classe deverá ter como atributos os números de moles n e as constantes a e b e como valor default a constante dos gases R = 0,082 atm/(mol.K). A classe deverá ter um método que calcula a pressão do gás e outro que faça o gráfico da pressão versus o volume do gás. Teste a classe para o gás oxigênio onde a = $0,0271^2$.atm/mol^2 e b = 0,0024 L/mol. Faça um gráfico para n =1 mol para o volume indo de 1 a 10 litros. Faça um gráfico com duzentos pontos.

Referências

[1] TAYLOR, JOHN R. : **Classical Mechanics,** Univertisty Science Books, Colorado. 2005.

[2] LANGTANGEN, P. : **A Primer Scientific Programming with Python**, Spring, New York, 2015.

[3] CHRISTINA, HILL : **Learning Scientific Programming with Python,** University Press, London, 2016.

[4] RUBIN, H. LANDAU, PAEZ, M.J., BORDEIANN, C.: **Computacional Physics – Problem-Solving with Python**, Wiley VCD Verlag, New York, 2015.

[5] MORIN, DAVID : **Introduction to Classical Mechanics with problems and solutions**, Cambridge University Press, New York, 2009.

[6] GOULD, HARVEY & TOBOCHINIK : **An introduction To Computer Simulation Methods applications to Physical Systems**, 2ª Ed., Addison-Wesley Publishing Company, New York, 2000.

[7] GAYLOR, RICHARD J. & WELLIN, PAUL R. : **Computer simulations with Mathematic – Exploration in Complex Physical and Biological Systems**, Spring-Verlag, New York, 1994.

[8] GARCIA, ALEJANDRO L. : **Numerical Methods for Physics**, 2ª Ed., Prentice-Hall. New Jersey, 2000.

[9] HIRSH, MORRIS W., SMALES, S., DEVANEY, ROBERT L. : **Differential Equations Dynamical Systems & An introduction to Chaos**, 2ª Ed., Elsevier, New York, 2004.

[10] MARCO MEDINA & CRISTINA FERTIG: Algoritmos e Programação – Teoria e Prática, Novatec Editora, São Paulo, 2006.]

[11] ERIC MATTHES: Curso Intesivo de Python – Uma Introdução Prática e Baseada em Projetos à Programação, Novatec Editora, São Paulo, 2016.

[12] LUIS EDUARDO BORGES: Python para desenvolvedores, Novatec Editora, São Paulo, 2015.

[13] BRYSON PAYNE: Ensine seus filhos a programar – Um guia amigável aos pais para a programação em Python, Novatec Editora, São Paulo, 2015.

[13] DAMIAN ROUSON, JIM XIA & XIAOFENG XU: Scientific Software Design – The Object-Oriented Way, Cambridge, 2011.

ANOTAÇÕES

Impressão e acabamento
Gráfica da Editora Ciência Moderna Ltda.
Tel: (21) 2201-6662